江西地方文化史导论

张志军 ◎ 编著

西南交通大学出版社
·成都·

图书在版编目（CIP）数据

江西地方文化史导论/张志军编著. —成都：西南交通大学出版社，2018.9
ISBN 978-7-5643-6491-5

Ⅰ. ①江… Ⅱ. ①张… Ⅲ. ①文化史–江西–教材 Ⅳ. ①K295.6

中国版本图书馆 CIP 数据核字（2018）第 235648 号

Jiangxi Difang Wenhuashi Daolun
江西地方文化史导论

张志军　编著

责任编辑　张慧敏
助理编辑　郑丽娟
封面设计　严春艳

印张　12　字数　179 千	出版发行　西南交通大学出版社
成品尺寸　170 mm×230 mm	网址　http://www.xnjdcbs.com
版次　2018 年 9 月第 1 版	地址　四川省成都市二环路北一段111号 　　　西南交通大学创新大厦21楼
印次　2018 年 9 月第 1 次	邮政编码　610031
印刷　成都蓉军广告印务有限责任公司	发行部电话　028-87600564　028-87600533
书号　ISBN 978-7-5643-6491-5	定价　35.00元

图书如有印装质量问题　本社负责退换
版权所有　盗版必究　举报电话：028-87600562

前 言

江西文化源远流长、代不乏人。春秋时期孔圣门徒澹台灭明曾游历于此，西汉中期的"帝王侯"刘贺终归葬于此，东汉时高卧陈蕃之榻的徐孺子曾生长于斯，东晋高士陶渊明也曾吟咏于此。江西的王安石、曾巩、欧阳修位列唐宋八大家，江西的汤显祖以"临川四梦"比肩莎士比亚，江西的八大山人朱耷以书画震动世界艺术市场……

20世纪90年代初开始，伴随着京九线的筹划和建设，江西掀起了研究江西历史与文化的高潮。对于江西文化的特质，及其在中国文化体系中的地位，都有学者进行了有益的探讨，并取得了一批研究成果。进入21世纪以后，伴随区域经济的进一步发展，学术界关于江西地方历史的研究成果更加丰富。

与学术界这种对江西地方文化的关注相伴随的，是教育界在乡土文化课程建设上的发力。从20世纪八九十年代开始，江西省内各个高校都或多或少地开设了与江西地方文化有关的课程。

在课程教材的选择上，20世纪90年代省内使用的主要是许怀林先生的《江西史稿》。进入21世纪之后，可供选择、专以教材为目标的成果进一步丰富，谢苍霖先生的《江西文化》、许怀林先生的《江西文化》和沈建华先生的《江西文化概论》都是其中的佼佼者。

但是，综合目前已知的研究成果，无论是对探微索隐、挖掘个体事项历史本真的具体研究，还是纵贯数千年、梳理江西历史发展脉络的综述性研究，本质上都难免倾向于学术研究。过多的学术偏好导致这些研究成果在知识的趣味性方面不免有所缺失。当这些研究成果被作为教学信息引入课堂，学生一方面对相关知识的重要性认知不够，再加上知识趣味性的缺失，使学生在学习过程中显得参与不够、互动不足，进而缺乏足够的学习动力。

基于此，编者从便利学生出发，采酌先贤故智、诸家之说，汇编为文，以为"江西地方文化史"课程的基本教学之用。

本教材的出版得益于江西科技师范大学教材出版专项基金的资助，特此致谢。

张志军
2018 年 3 月

目 录

绪　论　/ 001

第一章　江西的隶属与辖境　/ 005
  第一节　江西的行政隶属沿革　/ 005
  第二节　江西的辖境变迁　/ 008

第二章　江西的先民文化　/ 012
  第一节　远古时期的江西地域文化　/ 012
  第二节　夏商时期的江西地域文化　/ 015
  第三节　西周时期的江西地域文化　/ 020
  第四节　春秋战国时期的江西地域文化　/ 021

第三章　江西的儒文化　/ 023
  第一节　理学　/ 023
  第二节　心学　/ 029
  第三节　书院　/ 034
  第四节　科举　/ 044

第四章　江西的雅文化　/ 047
  第一节　诗词　/ 047
  第二节　文辞　/ 057
  第三节　书画　/ 061
  第四节　茶　/ 067

第五章　江西的俗文化　/ 081
　　第一节　宗族　/ 081
　　第二节　民俗　/ 087
　　第三节　饮食　/ 102
　　第四节　商帮　/ 119

第六章　江西的宗教文化　/ 125
　　第一节　道教　/ 125
　　第二节　佛教　/ 130
　　第三节　民间信仰　/ 142

第七章　江西的红色文化　/ 148
　　第一节　大革命与江西　/ 148
　　第二节　八一起义与八一精神　/ 150
　　第三节　井冈山斗争与井冈山精神　/ 153
　　第四节　中央苏区与红色中华　/ 154

附录一：国家级非物质文化遗产名录（江西省）　/ 157

附录二：江西省省级非物质文化遗产名录　/ 160

附录三：（陈氏）义门家法三十三条　/ 180

参考文献　/ 184

绪　论

江西，简称赣，自古就有"吴头楚尾，粤户闽庭"的名号，被认为是"形胜之区"。因公元733年唐玄宗设江南西道而得名，又因为省境内最大河流号为赣江故简称为赣。

从地理上看，今天的江西省北极于彭泽县而南延至于龙南县，南北相距约620千米；自东由广丰区始，西缘终于萍乡市的湘东区，东西之间宽约490千米；东西南北所涵盖的，是一片16.69万平方千米的热土。这块区域整体上东邻浙江、福建，南连广东，西靠湖南，北毗湖北、安徽而共接长江，构成了我国东南大三角的腹地核心。无怪唐人王勃美之为"襟三江而带五湖，控蛮荆而引瓯越"。

进一步观察，不难发现江西的地理构成颇有意蕴。从四境来看，怀玉山伫立东北，罗霄山耸峙西境；其间，幕阜山连接赣、鄂，武夷山区隔闽、赣，而九连山与大庾岭则标注出赣、粤间的行政区划。与这种东、西、南三面环山，区隔省境内外相配适的北面，则是借长江水路交通中原的一个敞口。具体到四境之内，则兼有山地、丘陵和平原地貌，其间饶、修、赣、抚、信五河纵横，自古以来就有"六山一水二分田、一分道路与庄园"的说法。

从历史变迁的维度来看，江西地域在比较早的时代就已经有人类的活动。从仙人洞、吊桶环遗址的出土文物来看，最远甚至可以上溯到距今一万年以前的旧石器时代。文明以降，商代江西的瑞昌铜岭铜矿遗址、樟树吴城文化遗址、新干大洋洲商墓和鹰潭角山陶窑遗址在在说明着江西地域文化第一声啼哭的嘹亮与恢宏。此后的西周时期，若隐若现的应监和艾国在传承的同时，也进一步发展着江西的地域文化。到了春秋战国时期，吴、楚、越之间的纷纷扰扰，给江西留下了"吴头楚尾"的烙印。秦汉以降，文字可考的历史更把江西的区域文化一点点标注于汗青之上，获得了"物华天宝，人杰地灵"的美誉！

  漫长的时间，悠久的传承，在造就江西厚重历史的同时，也为江西的文化打上了种种的烙印；从时空的维度来综合考量，江西的文化显然与江西的地理环境与历史沿革有密不可分的关系。

  首先，江西的地方文化特质与江西独特的地理环境密切相关。

  江西的地理地貌复杂异常。总体上是一个地势上南高北低，环省周围层峦叠嶂、群峰耸立，中南部丘陵起伏，北部是由鄱阳湖与滨湖地带构成的平原地域。俯视其间，则是一个自南往北、由东西南三方省境而中心、最后缓慢向北境倾斜，饶、修、赣、抚、信五水汇流于鄱阳湖，界长江向中原地区敞开怀抱的场景。这种颇具特色的地貌架构为中原文化深入江西省境敞开了大门，使三苗、吴越、荆楚等风俗文化共构原初风貌受到持续的冲击；这种地貌地势还导致江西自古以来就未能形成可以培育相对独立的文化体系的割据势力和相对稳定的政治中心，这也为外来的异风他俗在江西地域的成长带来了便利。于是，沿长江而来的巴蜀、湘、楚、徽、吴、越等区域的风习，乃至环江西周边的闽风粤俗都在江西有所成长，最终与赣地风俗交相浸染，也使得江西文化向综合性多元化方向演进。

  其次，江西的地方文化史特质与江西的历史发展脉络有千丝万缕的联系。

  关于江西先民的历史记录，总体上是比较含混的。《战国策》说"三苗之居，左有彭蠡之波，右有洞庭之水，文山在其南，而衡山在其北"。此处"彭蠡""洞庭"，众所周知。至于"衡山"，就是楚汉之际的衡山郡，吴芮在黄州邾城当"衡山王"的"衡山"，即今大别山。"文山"在南，虽不明其准确地点，但"彭蠡"（鄱阳）、"洞庭""衡山"，就足以证明江西地域是三苗腹地，也就是说在夏甚至是夏以前，三苗及其后裔就已经活跃在今江西省境的范围之内，江西地域就有初步的地域文化沉淀于斯。

  到春秋战国时代，吴、楚两国在江西境内辗转角逐，形成的对峙之势，造就了世人对江西地区"吴头楚尾"的认知。从公元前九世纪熊渠伐扬越至于鄂，前684年楚文王伐蔡，前650年楚成王伐黄和前646年灭英，前632年楚穆王灭江，前622年灭六、蓼，前614年派太师潘崇率军镇压群舒。前601年楚庄灭舒,与吴越定盟,将群舒之地划为楚之东部疆域,以将"吴头"变成"楚尾"。前573年楚共王灭舒庸,前570年又派令尹子重伐吴获胜。前549年楚康王率水军伐吴,无功而返,次年令尹屈建率楚军大败吴军,灭舒鸠。前533年楚灵王乘陈国内乱,派兵灭陈;前530年又派兵灭蔡,同时又"伐随公恐吴"。前522年,楚平王杀伍奢及其长子伍尚,次子伍子胥奔吴。前519年楚太子建母居巢、开吴,吴使公子光伐楚,遂灭钟离、居巢,楚乃恐而城郢。《吴太伯世家》也载:"吴王阖闾十一年(前504年),吴王使太子夫差伐楚,取番(赣东北)。楚恐而去郢徙鄀。"吴王阖闾夺得楚番邑,又使赣地转入吴国辖区,从而使"楚尾"变成了"吴头"。

吴王夫差继阖闾之后又打败越王勾践。十年后(前473年),勾践出兵直袭吴都姑苏,吴王夫差大败、自杀,吴国亡。原来吴的辖地又变为越的辖区,江西一变而为"楚尾越头"。公元前306年前后,楚再灭越,并吞江西全境一归于楚,使江西成为"南楚之地"。荆楚及吴越的原始文化又杂处其间。

秦汉以降,江西地域开发渐广,随着持续的北民南迁,自北方南下的中原故人又将中原文化持续带入江西,与江西故风交融。交融浸染之下,逐渐产生出与当地生产劳动和社会生活密切相关的,具有鲜明地方特质的事项。比较典型的有以抚州南丰县石邮村为代表的,被誉为"中国原始文化的活化石"的傩戏;以景德镇为根底,驰名中外,有"窑火千年"之美誉的瓷器制造业;以号称"风水师的麦加"的兴国三僚为祖地、被称为中国历史上风水学的两大派别之一的赣南堪舆术;以世所共知的"客家摇篮"赣南地区为源头,为世人津津乐道的赣南客家风情;另外,宜春与萍乡地区的花炮生产、鄱阳湖的渔风渔俗、兴国的山歌也都是闪现着江西地方特质的独有文化事项。

约略而言,从奠基时代以降,江西的地方文化就表现出一种兼容并蓄、包容万方的常态。但这种兼包却没有发展为以熔炉之态对他方的地域文化特质予以漠视,反而是在包容多样、求同存异精神的指导下,使得江西地域文化既没有沿着吴楚尚巫的方向演化,也没有因为中原故地传入的风习而成为中原文化的简单翻版,而是将纷繁多样的遗风异俗杂凑成了一个多彩的"地方文化拼盘"。

　　这种多方杂凑、多元并包的"地方文化拼盘",是江西先民适应区域环境、发展社会经济的重要成果之一,是认识和了解江西地方文化特质的重要途径。沿革至今,这个"拼盘"本身就已经是江西的重要历史文化遗产,其中许多更已被纳入国家非物质文化遗产保护名录,成为江西地方文化的标志性符号。深入了解这些江西文化的符号,必将对了解江西省情、助力江西发展产生积极的意义。

第一章
江西的隶属与辖境

第一节 江西的行政隶属沿革

久远以前,江西在行政隶属方面并不十分清晰。江西的远古文化遗址是比较多的,不仅安义、乐平、新余等地有旧石器时代的文化遗存,在万年、修水、樟树、九江、南昌、进贤、波阳、武宁、万载、于都、宜丰、高安、奉新、临川、景德镇、萍乡、永丰、南城、广昌、赣县、靖安等地还广泛分布着一百余处新石器时代的文化遗存。但是由于缺乏对具体行政中心的研究,这些文化遗存与中原地区是否存在行政隶属关系并不明确。

江西地域存在的商代的典型性文化遗存较多。著名的有瑞昌的铜岭铜矿遗址、樟树的吴城文化遗址、鹰潭的角山陶窑遗址和新干大洋洲的商代墓葬。这些遗址从铜的开采、冶铸,陶的烧造和青铜文化的现实诠释等方面对商代江西的生产与生活细节进行了勾画。但就行政隶属而言,史书所载的商王朝的方国"虎方"是否就是隐约勾连着的吴城文化遗址和大洋洲商墓的共主,在学术界仍然是诸说并进,但这一时期江西地域青铜文化受到中原商文化的影响已是学界共识。

商周易代之后,江西与中央王朝的关系进一步加强。江西地域发现的具有明显中原文化特征的遗址也随之增多。典型的如1976年新干县西周列鼎墓所出土的五件大型铜鼎。这五件铜鼎不管是造型还是纹饰都大体近似,而大小则存在明显的递进关系,形成有规则的排布序列。这种明显有意为之的排布设计,从实质上彰显了周人宗法体制的等级关系。

这也说明至晚到西周中期,西周的政治控制触角已经伸展到江西地域。而根据西周的宗法体制和相应的鼎簋制度,新干县的这座西周墓葬应该是属于西周宗法政权的某一位大夫。以此观之,不难想见,在当时,至少有一部分江西地域已经在名义上,甚至实质上隶属于当时的西周中枢。

而且,郭沫若先生曾经根据一件1958年9月在江西余干出土的铜器上的铭文"雁监作宝尊彝"(雁即应),考证认为"监,可能是应侯或者应公之名,也可能是中央派往应国的监国者。周代有监国之制……可能以后者为确,即应国之监"。李学勤先生也认为,余干县所在的江西北部,"当时属于边远,周公定东夷之后,在其地置监,则颇合情理"。但不管应监是应国的监国者,或是应国的主人,应监甗的出土说明在江西余干地方或附近存在周的一个诸侯国——应国。

图 1-1 西周·青铜应监甗

类似的情况还有艾监。1981年陕西省扶风县沟原一处西周时期的灰坑中出土了一件铜饰件。其上铭文为"艾监,叔赵父,作旅禹,其宝用"等字,李学勤先生认为如"应监"一样,是西周王朝派往"艾"地之监国者。艾是江西修水县境的古地名。《左传·鲁哀公二十年》(前475年)记曰:"吴公子庆忌骤谏吴子曰:不改必亡,勿听。出居于艾。"杜预注:

"艾，吴邑，豫章有艾县。"

上述艾监与应监之事，于史有载，考古有证，至少能够说明江西的部分区域已经被纳入西周中央的管控。

春秋战国时代，江西全境先后分属于楚、吴、越三国管辖。公元前221年，随着秦帝国统一天下，设三十六郡，江西北境大部被归入其时的九江郡。汉高祖初年（约为公元前202年），江西设郡豫章，治设南昌，下辖18个县，这也是江西有明确行政区域建制之始。这18县分布地域为赣江、盱江、信江、修水、袁水沿岸，与后来的江西省区大致相当。延至汉武帝时代，以天下为十三监察州，而江西则被划属扬州部，汉武帝的孙子刘贺被分封于江西的"海昏侯国"亦属之。

图1-2　西汉·大刘印信

隋唐以后，江西区划归属多有变更。唐高祖武德五年（622年）在江西境内设置洪州总管府，贞观元年（627年）太宗分天下为十监察道时又将江西归入江南道，到开元二十一年（733年）玄宗增十道为十五道时，原江南道被分为东、西两道，而江西省境则被归入江南西道，时称"江西"。有宋一代，江西的大部属江南西路，入元后方有江西行省之设（元时江西行省辖区远远大于今天的江西省区，除了包括今江西绝大部分地区外，还包括了今天广东省的大部分）。元明易代，明虽然基本上保留了元的省制，但改行省为布政使司，而江西布政使司地域基本等同于今天的江西省境（下辖南昌、瑞州、饶州、南康、九江、广信、抚州、建昌、吉安、袁州、临江、赣州、南安等13府共78县）。清承明制而略有变异，其间江西的行政区域基本没有变化，只不过是将江西布政使司变称为江西省,而这最终也演化成了今天我们熟悉的江西省境。

江西地域隶属关系的持续变动,对江西地域文化的形成产生了不可避免的影响,也使得江西的地域文化潜在地具有了包容多元的格局。事实上,江西民俗的这种特质很早就已经被认识到,清代江西学道高璜曾将之表述为江西"大不如吴,强不如楚,然有吴之文而去其靡,有楚之质而去其犷";而近世以来,在江西境内考古发掘的众多先秦时代的遗址也鲜明地展现出兼具吴越文化和楚文化的风格,有力证明江西地域文化从文明的早期就已经呈现出了兼容并包多种文化的特质。

第二节　江西的辖境变迁

秦设三十六郡,江西属九江郡,置庐陵县、新淦县、南壄县。而江西作为明确的行政区域建制,则始于汉高帝初年。时设豫章郡(赣江原称豫章江),郡治南昌县,下辖 18 县,所辖地域与今日的江西省区大致相当。汉武帝时划全国为 13 个监察区,称 13 部州,江西属扬州刺史部。

汉献帝建安五年(200 年)时,孙策分庐陵、雩都等县置庐陵郡。建安十五年(210 年),孙权厘置彭泽郡(旋废)、鄱阳郡。嘉禾五年(236 年),孙权分庐陵立南部都尉,隶扬州。

公元 291 年,即西晋元康元年,设江州,治所南昌,后迁至浔阳郡(江西九江市),其主体为江西地区原有郡县。

隋文帝曾做行政区划调整,省并州郡,将州的级别降与郡同,因而隋代的江西地区设有 7 郡 24 县。至唐时增加到 8 州 37 县。唐太宗贞观元年(627 年)划天下为 10 道监察区,江西属于江南道。唐玄宗开元二十一年(733 年)时增为 15 道,属江南西道,其监察区下辖 8 州,治洪州(南昌市)。

五代时期,江西地区先辖于吴,后辖于南唐。在这个时期出现了相当于下等州的新的行政区划 6 州、4 军、55 县。交泰元年(958 年),南唐中主决定建南都于洪州,并因此升洪州为南昌府。宋代在州之上改道为路,初设江南路,天禧四年(1020 年)分江南路为江南东路和江南西路,江西地区被置 9 州、4 军、68 县,其大部分隶属于江南西路,仍治洪州，另有一部分隶属于江南东路。

元朝开始确立行中书省制度（简称行省或省）。江西行省辖区远远大于今天的江西省区。除包括今江西绝大部分地区外（原江西东北地区隶属于江浙行省），还包括今天广东省的大部分。江西行省下辖 13 路、2 直隶州以及 48 个县、16 个县级州。

明朝虽然基本上保留了元朝的省区建制，但改行中书省为布政使司，改路为府和改州为县。江西布政使司辖 13 府 78 县，地域基本等同于今天的江西省区。

清代改江西布政使司为江西省，行政区域基本承袭明建制。另在吉安府增设莲花、南昌府增设铜鼓、赣州府增设虔南等 3 个县级厅，同时升宁都县为省辖直隶州。巡抚成为全省最高行政长官，下设承宣布政使司和提刑按察使司，分管民政、财政与司法监察。

民国时期，将清朝的府、州、厅一律改为县。江西省共辖 81 县。1934 年从安徽划婺源县入江西省，1947 年划回安徽省，1949 年再次划归江西省。

表 1-1 江西省行政区划历史沿革表

时代	行政区划层级	江西省行政区划设置
秦	郡、县	秦初分天下为 36 郡，江西全境归九江郡管辖，在今江西境内设置番阳、庐陵 2 县，后渐增置余汗、新淦、安平，安成共有 6 县
汉	西汉 东汉	郡、县	西汉初年（前 202 年），在江西设置豫章郡，郡治在南昌，下辖 18 县，这标志着江西有了明确的行政区域建制 汉武帝时，划全国为 13 个监察区，称 13 部州，此时的江西属扬州部
	东汉末年	州、郡、县	江西有豫章、庐陵、鄱阳 3 郡，分治于南昌、石阳、鄱阳，仍属扬州部，共辖 37 个县
魏晋南北朝	三国时期	州、郡、县	江西属吴。至吴宝鼎二年（267 年），江西境内设有豫章、庐陵、鄱阳、临川、安成 5 郡和庐陵南部都尉，分治于南昌、西昌、鄱阳、临汝、平都和雩都，共辖 57 个县

续表

时代		行政区划层级	江西省行政区划设置
魏晋南北朝	西晋	州、郡、县	西晋元康元年（291年），以江西全境的郡县为主体置江州，治所在豫章郡，辖豫章、庐陵、鄱阳、临川、安成、南康、寻阳7郡，分治于南昌、西昌、广晋、临汝、平都、雩都、柴桑，共辖59个县
	南北朝时期	州、郡、县	南朝宋时，将晋代的59个县调并为53个县；南朝齐时，改南康郡为南庄国，治所在赣县，辖江西南部8个县；南朝梁时，在赣北设太原侨郡，又改豫章郡为豫章王国，治所在南昌，辖赣北腹地8县；南朝陈，全省调整为豫章、豫宁、吴州、庐陵、临川、巴山、南康、安成、寻阳9郡，辖59个县
隋		郡、县	文帝省并州郡，江西地区设豫章、庐陵、鄱阳、临川、南康、九江、宜春7郡，将所辖县的数目删减为24个
唐		唐朝前期：州、县 唐朝后期：道、州、县	贞观十年（636年），分天下为10道，江西属江南道；开元二十一年（733年），分天下为15道，江西属江南西道，辖洪、饶、虔、吉、江、袁、信、抚等8州，分治于南昌、鄱阳、赣、庐陵、浔阳、宜春、上饶、临川、共领37个县
宋		路、州(府、军)、县	宋初分全国为15路（后增为18路、23路、26路）。江西地属江南路。至绍兴元年（1131年），分江南路为江南东路和江南西路，江西地分属两路。江南东路辖饶、信、江3州，江南西路辖洪、筠、袁、虔、抚、吉6州及南康、临川、南安、建昌4军，共领68个县
元		行省、路、州、县	江西地域分属江西行省和浙江行省。江西行省设龙兴、瑞州、袁州、临江、吉安、抚州、建昌、南康、江州等11路和南丰州及南安、赣州2路总管府；饶州、信州2路和铅山州属江浙行省；共领35个县和富州、宁州、新昌、萍乡、新喻、新淦、吉水、安福、太和、永新、余干、乐平、浮梁、建昌、宁都、会昌等16个散州

续表

时代	行政区划层级	江西省行政区划设置
明	承宣布政使司、府（州）、县	江西承宣布政使司辖南昌、瑞州、九江、南康、饶州、广信、建昌、抚州、吉安、临江、袁州、赣州、南安等13府，分治于南昌、高安、德化、星子、鄱阳、上饶、南城、临川、庐陵、清江、宜春、赣、大庾，共领77个县
清	行省、府（州、厅）、县	清代改江西布政使司为江西省，行政区域基本承袭明建制。全省区划调为13府1直隶州1散州75县又4厅
民国时期	省、道（区）、县	1914年划全省为豫章、浔阳、庐陵、赣南4道，共辖81个县； 1926年12月，析南昌、新建之城与郊设南昌市，为江西设市之始； 从1932年起，划全省为13个行政督察区（简称行政区），至1935年，将13个行政区缩减为8个行政区，1942年8月又调为9个行政区
第二次国内革命战争时期	省、县	从1927年10月起，中国共产党人先后在江西及其毗邻地区建立了湘赣、湘鄂赣、闽浙赣、闽赣、粤赣、江西、赣南等7个苏维埃政权省，在江西先后置46个苏维埃政权县
中华人民共和国成立后	省、市、县、乡	1949年10月，将全省划分为南昌、袁州、九江、上饶、乐平、抚州、吉安、瑞金、赣州9个专区和南昌市（地级），并在吉安、瑞金、赣州3个专区之上设赣西南行政区，共辖82个县和九江、抚州、景德镇、吉安、赣州5个县级市

第二章
江西的先民文化

第一节 远古时期的江西地域文化

　　江西地方水脉纵横、山林茂盛，自古就有人类活动的踪迹。早在距今四五万年前的旧石器时代，赣江两岸和鄱阳湖滨就已经有江西的先民奋力求生的信息。乐平涌山岩洞发现的多种哺乳动物化石和具有人工打击痕迹的石片，经鉴定属于旧石器时代晚期人类制品，为证实旧石器时代江西地方的原始人类及其文化遗物提供了线索。其后在安义县的樟灵岗、凰山、凤上徐北村以及新余市的罗坊等地又先后发现五处旧石器时代遗存，对这五处遗存进行的考古发掘，共提取到与华南各地旧石器晚期的石器特征相同、"属砾石砍砸器—刮削器传统"的石制品标本数十件，再一次证明乐平涌山岩洞的发掘并非孤例，早在旧石器时代，江西已经有原始人类的活动。

　　进入新石器时代之后，江西的远古先民逐渐开始远古农业的尝试。这一时期，最典型的标志性文化遗址是赣东北的万年县仙人洞、吊桶环遗址。万年县仙人洞遗址在 20 世纪 60 年代曾经进行两次试掘，认定是新石器时期晚期的人类活动遗址。1993—1995 年间，经国家文物局批准，来自中国和美国的考古学者联合对仙人洞及其附近的吊桶环洞穴遗址进行考古取样和发掘，获取了大量的标本，其中有石器 474 件、骨器 248 件、穿孔蚌器 19 件，另有原始陶片 297 块、人骨标本 20 余件及兽骨残片数万块。

　　在这些石器中，有打制石器、穿孔石器、局部磨制石器和细石器，类型可分为石斧、石矸、石锥、磨盘、磨棒和砍砸器、刮削器、石核、石片等。骨器则有锥、笄、铲、凿、镖和投掷器等。原始陶器的胎质较厚且夹有粗砂，烧纸温度很低，表面有粗绳纹，是目前国内发现的最原始的陶片之一。通过对植物孢子、花粉及植硅石的分析，发现此处可能已经开始植物种植行为，"有类似人工栽培稻的扇形体"，这个发现大大提前了我国对于水稻栽培年代上限的判断，"为探索我国稻作农业的起源提供了极重要的线索"。考古队的美方学者马尼士认为仙人洞、吊桶环遗址"给了我们一个概貌，即从旧石器时代晚期到整个新石器时代中期的农业文化发展情况"，"出现了大的村落，驯化稻的植硅石增加了。研究表明，他们已经有了水稻农业"。水稻种植行为的出现证明早在 10 000～9 000 年前的时候，水稻农业已经开始成为重要的生产活动，稻文化正式登上历史舞台。在仙人洞、吊桶环遗址发现的水稻植硅石是目前世界范围内发现的最早的有人工种植可能的水稻植硅石，水稻种植行为的出现证明中国是世界稻作的起源地，而江西是其源头。

图 2-1　仙人洞遗址

大约距今 7 700～6 500 年以前，是新石器时代中期，这时的万年县有了水稻农业、造型复杂的陶器等。逐渐兴起的水稻农业，在湖南、浙江、河南也出现了，已经有炭化稻谷发现。江西境内，还有新的遗址可供说明。鄱阳湖北部湖口县的史家桥遗址，出土有石器、陶器、建筑材料和文字符号。石器分打制石器和磨制石器,磨制的石器很粗糙而形制多样,有斧、磷、耙、镰、刀、钺、凿、磨盘、网坠等。陶器以红陶为大宗,有釜、罐、壶、豆、钵、盆、鼎等十余种器形,制作风格、纹饰样式与万年县仙人洞的陶器很接近,具有鄱阳湖土著文化特征。数量最多的是大小不等的红烧土块,上面留有木柱、木棍和稻谷壳的印迹。从谷壳印迹特征来看,属于粳稻品种。由于稻作农业的需要,农业生产工具手斧、石耜、石锄、石镰和粮食加工器具石盘磨、陶臼等,也就在这里应运而生。从出土遗物分析,"史家桥原始稻作农业经济至少在新石器时代中期已经形成"。

距今 6 000~4 000 年以前的新石器时代晚期,江西已经发现了几十处文化遗址,形成了较大的地域规模,反映出居民聚落比较多、生产开发地比较广的进步趋势。其中有代表性的遗址是新余市拾年山遗址、靖安县郑家坳墓地、修水县山背遗址、樟树市筑卫城、樊城堆遗址等。从这些遗址中出土的大量文物证明,以栽培水稻、烧制陶器为基本内容的农业文明已经完全奠定,并有相当的发展水平。修水县山背遗址遗存的文物以有段石锛和红沙陶为主要特征,石器中磨制精细的有段石锛、扁长石斧和有孔石刀等耕作工具是代表器。陶器中的罐形鼎、杯形高足豆、球腹圆底罐等组成特有的器物群。还有一座住房基址,内有一套间。房内存放生产工具 115 件,生活器皿 68 件,以及石球、石蛋等艺术品,烧烤过的草拌泥中夹有稻谷壳、稻草,显示出氏族集体生活的情景。而农耕已是主要劳动,稻米则是基本食粮。山背遗址有别具一格的器物群,有一定的分布地域和自身的文化发展序列,是鄱阳湖和赣江中下游地区原始文化的代表形态,有浓厚的地方色彩,为考古学界鉴定命名为"山背文化",与广东曲江的石峡文化、福建闽侯的昙石山文化,并列为东南地区三种有代表性的新石器时代晚期文化。

属于新石器时代晚期的文化遗址,分布在樟树、万年、修水、九江、南昌、进贤、鄱阳、武宁、万载、宜丰、高安、奉新、临川、景德镇、萍乡、永丰、于都等市县,赣南赣北都有,相对集中于赣江中下游平原区域,以樟树市最为集中,约有 20 处遗址,例如营盘里、筑卫城、樊城堆等遗址,都有很丰富的文化遗存。樊城堆遗址出土有陶窑和陶拍、陶垫等制陶工具，成品形制多样，鼎足形状有 12 种，纹饰有 40 余种，是江南地区几何印纹陶的核心产地。

第二节　夏商时期的江西地域文化

夏商之际，江西的区域地方文化开始感受到来自中原黄河流域相对早发文明的影响，继续向前发展。至今为止，考古发现的文化遗址和遗存有 200 余处，广泛分布在江西地域的 40 余县境内。这一时期，具有代表性的典型考古遗址有瑞昌的铜岭铜矿遗址、樟树的吴城文化遗址、鹰潭的角山陶窑遗址和新干大洋洲的商代墓葬。

瑞昌铜岭铜矿遗址位于江西北端的瑞昌市夏畈镇的幕阜山东北角，为商周时期的遗址。于 1964 年为赣西北地质大队 506 队发现，1988 年当地村民在修筑公路时再次发现。

图 2-2　铜岭铜矿遗址

同年 9 月，由江西省文物考古研究所刘诗中等考古专家组成的考古发掘队对其进行科学发掘。整个发掘工作持续进行了 5 年，在 1 800 平方米范围内，清理出竖井 103 口、平巷 19 条。揭露冶炼区 3 处，其炼渣散布面积约 170 000 平方米，估计炼渣总量约 10 万吨。其他遗迹有工棚、选矿场、露天采坑、槽坑、材料加工场、围棚等。遗物有采掘、提升、装载、运输、淘洗、照明、排水等工具以及生活用具，分别用铜、陶、木、竹料制成。测年判断瑞昌铜岭铜矿的开采的时代上起商代中期，下至战国早期。不仅采铜，而且炼铜，是采冶结合的大型矿山，比闻名遐迩的大冶铜绿山古矿冶遗址（开采于西周）还要早三四百年。从时间断限来看，铜岭铜矿开采时期的上下限与我国青铜文化时代的繁荣期吻合，"不仅进一步揭示了中国青铜文化的独立起源，也为解决商周时期铜料来源问题提供了新的更早例证，其意义是不言而喻的"。该矿显示的采矿技术达到相当高的水平。例如，古代采区位于现代地质勘探的矿体范围内，表明古代矿工探矿很准确。矿井采用木支护框架，在世界上是最早的。框架选用的木料、构件设计和施工工艺，既符合维护控制压力的要求，又便于安装，是适用于松软围岩的井巷支护形式。选矿用的木溜槽，经过模拟实验证明，它的结构先进，构件设置合理，选矿效率较高。铜岭古矿工使用的溜槽，是我国已知溜槽中最早的，证明中国的选矿技术在先秦时代已处于世界领先地位。还有适应矿山需求的桔槔、木滑车，都是独具匠心的采矿机械，有利于提高工效和减轻劳动强度。所有这些丰富多彩而又别具一格的技术成就，构成中国早期采矿技术体系，具有鲜明的地方特色，也间接证明了中国青铜文明的原生性。

  吴城遗址位于宜春的樟树市。遗址以其涵盖广泛、内容复杂的文化信息受到学术界的瞩目，考古学界称之为"吴城文化"。从 1973 年开始，先后对吴城遗址进行了 6 次科学发掘，共揭露面积 2 000 余平方米，文化堆积厚 2~3 米不等，划为七层，分三期文化。共清理房基 2 座，窑址 12 座，灰坑 55 个，墓葬 16 座。出土较完整的石器、陶器、青铜器、玉器、牙雕等 900 余件，比较集中地反映了商代江南地区的经济发展水平，充分展示出赣江中游地区的文化特色。考古发现的农耕工具有斧、锛、刀、镰等。收割作物除使用新月形石镰外，还有马鞍形陶刀、半月形陶镰。生活用具是形制繁多的陶器，制陶技术先进，已发现 4 座平焰式龙窑，把我国龙窑出现的时间提前了 1 000 年。在龙窑中烧出了一批硬陶和原始瓷器，这些烧造考究的原始青瓷器的发现，证明这一地区即是青瓷器的发源地之一，让我们知道了江西制瓷历史有3 500年之久。吴城遗址与商代中期的郑州二里冈遗址比较，制陶水平一致，而原始瓷器的种类超过二里冈。吴城遗址出土的青铜器有生产工具斧、锛、凿，武器刀、戈矛、镞，酒器斝等。同时，还有相应的红石范100余件，以及铜块、铜碴、木炭。出土的两块斝的足范，证明大器皿是分部浇铸，然后熔接合成。红石质地疏松便于雕刻成范，浇铸时散热较快，不易炸裂。这些遗物证明工匠们有相当成熟的铸造技艺，能就地取材，发展本地的青铜铸造事业。吴城出土的陶器上发现有170多个原始符号，其中有的能对照甲骨文辨识，具有文字特征的如田、五、十、中、祖、臣、甲等，有的是刀、镞、齿、戈、日、月或植物的象形符号，更多的符号难以辨识。吴城的这些符号或文字与西安半坡遗址、临潼姜寨遗址的原始文字比较，既有相似之处，又存在地区性差异。吴城遗址的原始文字，是赣江中游地区远古文化的重要组成部分。

图2-3　吴城商代遗址　　图2-4　青铜虎耳夔龙足鼎

新干大洋洲商墓遗址位于江西省新干县大洋洲镇。该墓处于沙土下，棺椁均已腐朽。椁室长8.22米，宽3.6米，棺床位于椁的中部偏西处。墓主骨骼朽烂，仅在棺外椁内发现人牙24枚，经鉴定，可能是殉葬人的牙齿。随葬铜器多在棺外椁内，玉器大部分放在棺内，陶器则多放在东侧的二层台上。从随葬品看，既包含中原商文化的因素，又有浓厚的地方特色。研究者认为墓主人很可能是赣江流域扬越人奴隶制国家的统治者。

经清点，大洋洲商墓共出土青铜器486件，玉器100余件，陶器300余件（均由江西省博物馆收藏）。其中国宝级文物5件，国家一级文物23

件。这批出土文物中，以青铜器最引人注目。据专家们评论，其数量之多、品类之全、造型之奇特、纹锦之精美、铸工之精巧，堪称江南之冠，在全国也罕见。出土的青铜器数量超过了河南殷墟妇好墓，名列全国第一，许多品种也为国内绝无仅有。其中，青铜瓒，国内仅此一件；提梁方卣，据悉故宫也只珍藏一件；20多厘米高的青铜豆，遍布纹饰，是举世无双的无价之宝；被称为"中华钺王"的国内第一大钺，宽达39.5厘米。

图 2-5　新干大洋洲商墓出土青铜器

大批青铜工具、农具与礼器、兵器同时出土，在国内也是闻所未闻。这些青铜器中有许多为江西本地铸造，充分表明南方地区在商代同样存在着高度发达的"青铜文化"。大洋洲商代大墓的发掘，一举改写了商周时期被称为蛮夷之地的江南历史，充分证明远在三千多年前赣江—鄱阳湖流域就有了高度发达的青铜发明。它的发现，是我国江南考古的一项重大突破，被列为"七五"期间全国十大考古发现和二十世纪全国百年百项重大考古发现之一，在国内外产生了重大影响。新干因而被誉为"江南青铜王国"。

鹰潭角山遗址位于江西省鹰潭市月湖区，是商代中期至晚期的窑址，距今约3 500~3 100年。经过考古工作者钻探勘测，角山窑场的面积超过七万平方米，窑场之内陶瓷窑炉成群，在小范围发掘中已发现了烧成坑、马蹄形圆窑、龙窑近20座。出土文物十分丰富，已取得完整和可复原陶瓷器 3 000 余件，陶瓷碎片几十万片，陶片成堆堆积，虽历经几千年风雨侵蚀和人为改变，仍留存有高达四五米的陶片堆积。

图 2-6　鹰潭角山商周遗址出土陶器

目前，全国已经发现不少夏商时期的制陶作坊，但多系单个窑炉，由农业生产者兼而作之。角山窑场则不同，这里的生产者是从农业中分离出来的独立的手工业工匠，他们劳作在窑场，吃住在窑区，以制陶为业。角山窑址出土了几千件文物，却没有一件农业生产工具，只见陶拍、陶垫、陶支座等制陶工具。陶拍十分考究，用于拍打器身的是正反两面刻着几何形花纹、带柄的长方形陶拍；用于器物肩部推滚压饰花纹的是圆锥形伞状陶拍；陶垫的形状则与半开蕾的蘑菇相似。因为窑场制陶工匠人数众多，为了使自己的用具不与他人互相混淆，陶拍、陶垫的把手上都刻有专用标识符号。陶工们运用这些工具，采用泥条盘筑和快轮制作的方法，巧妙、熟练地制作出各种形状的陶器坯件，并在陶坯的不同部位刻画着属于自己所作的标识符号和计算产品数量的记数符号。这些坯件经过窑炉的烧制，件件端庄朴实、美观实用，充分展现了角山专业陶工手艺的精湛和技术的高超。

角山已发掘作坊遗迹 5 处，包涵陈腐池、练泥池、蓄泥池、排水沟、蓄水沟、烧成坑、马蹄窑、成品库、工棚等。这些遗存清晰地展现了陶瓷生产从取土陈腐、练泥、淘洗沉淀到制坯成型、入窑烧制、成品入库存放的全部过程，全面揭示了角山陶瓷生产的工艺流程。这是迄今为止发现的全国唯一可以表现古代陶瓷生产完整过程的夏商陶瓷生产作坊遗址，为研究我国早期窑业技术提供了宝贵的实物资料。

窑场中大量的文物遗存表明，角山窑场规模宏大、生产鼎盛，而且连续生产三四百年，是商代独一无二的大窑场，也是迄今为止所发现的夏商时期全国最大的窑场。2013年5月，角山板栗山遗址被国务院核定公布为第七批全国重点文物保护单位。

第三节　西周时期的江西地域文化

商周易代之后，江西与中原地区的政治、经济、文化联系得到了进一步加强。在江西地域境内发现的具有明显中原文化特征的文明遗存也随之增多。目前有据可查的与西周时期文化遗存有关的考古成果中，江西境内包括南昌市青山湖区台山嘴，安义县铜锣山，九江县神墩及磨盘墩，湖口县下石钟山，以及永修的梅棠曲尺塘，临川县河东大塘山、茶子山及丁家山，以及青江县筑卫城、樊城堆上层和彭家山，新干线的牛头城和赵家山，万年县的雷坛，铅山县的曹家墩，萍乡市的彭高、赤山和宣风河下，靖安县的高湖蔡家山，高安县的消水洞，定南县历市镇北山和进贤县的寨子峡等处。

其中，湖口县的下石钟山遗址、萍乡市的宣风河下遗址以及九江县的神墩遗址、樟树市的山前彭家山遗址是比较典型的西周早期遗址；而九江县磨盘墩遗址、定南县历市镇北山遗址、进贤县寨子峡遗址及万年县雷坛遗址，以及九江神墩遗址的部分文化层、青江筑卫城樊城堆遗址的上层文化层则表现出比较鲜明的西周中晚期文化特征。

当然，从文献的相关资料我们也可以发现，至迟到西周中期，王朝的政治触角已经深入江西境内，至少有一个周王朝的方国已经在江西境内扎根。至于这个西周方国具体是前文曾提及的应国还是艾国中的哪一个，或者二者兼备，则仍待学者的进一步研究。

但是，从已有的考古成果来看，西周中晚期的中原文化对江西的影响已日益加深。江西地区的诸多遗物、遗迹、遗址在文化面貌上也更深刻地展现出了其所受中原文化影响的痕迹。典型的如鹰潭出土的通高35.8厘米、重达13.5千克的青铜甬钟，其形制和纹饰就与在陕西扶风县强家村出土的师𡸅钟及在蓝田县出土的应侯钟非常类似。

而且，这种风格类似的情况并不以鹰潭的这个青铜甬钟为特例。迄今为止，江西境内出土的十余件西周时期的青铜甬钟、纽钟在造型风格上都或多或少地表现出中原文化影响的痕迹。

尤其值得注意的是，这种风格上的雷同在很多出土的日用陶器上表现更为鲜明。这足以证明至晚到西周中晚期，中原文化已深刻影响了江西地方的文化发展。

第四节　春秋战国时期的江西地域文化

春秋战国时代，在将近 550 年持续的争夺和转换的过程中，江西全境先后分属于楚、吴、越三国管辖。大致而言，春秋中期以前是南楚之地；而春秋末年到战国中期，则先后属于吴国和越国；大概在公元 306 年楚灭越之后，此地又重归于楚国。鄱阳湖的西部，包括南昌在内，是属于楚国的疆域，而东部则是吴、越的管辖范围。当然，在这个过程中两国对于江西地域的管辖时长并不相同，其中吴国对于江西的管辖时间约有数十年，而越国对江西的管辖则将近 170 年。

从目前发现的考古材料来看，楚文化和吴越文化都在江西留下了自己的烙印。在赣北赣西地区，比如武宁地方出土的战国早期墓葬及其中的文物，就具有非常鲜明的楚文化特征；而在新建县的战国中期墓葬出土的文物组合形式也鲜明地展现了楚文化的特质。但在赣东地区，目前发现的遗址和遗迹，则具有非常明显的吴越文化特征，比如在樟树临江出土的文物就和安徽寿县出土的文物在特质上具有共通性。

靖安东周大墓位于江西靖安水口乡。墓葬的封土堆高达 13 米，还使用了大量的清膏泥，具有古代楚墓的典型特征。这座埋葬有 47 具棺木的大墓是迄今为止中国发现的年代最早的一坑多棺墓葬，考古工作者从墓葬当中发掘清理出土的丝织品、漆器、竹木器、玉石器、金器等珍贵文物 600 多件。在出土的 300 多件纺织品中，大部分为真丝织品，这是江西境内目前发现的最早的真丝纺织品。

图 2-7　靖安东周大墓

第三章
江西的儒文化

江西的儒文化渊源甚早。早在春秋时期，位列孔门七十二贤人、被孔老夫子美之为"以貌取人、失之子羽"的澹台灭明，据说就曾经游历江西并居、葬于南昌。据清乾隆五十九年《南昌县志》记载，澹台灭明墓坐落南昌，宋时有名漕使高过经过南昌时题了一块碑："鲁澹台子羽之墓。"明时碑的损坏已经非常严重了，当时知府范涞将其重修，清时学使王思训立石碑，题为"先贤澹台子羽之墓"。

此后，儒家文化渗透到江西生活的每一个层面，重视文教成了江西历史的一个重要特质。所谓"为父兄者以其子与弟不文为咎，为母妻者以其子与夫不学为辱"。明人王士性在《广志绎中》也盛称"江右讲学之盛，其在于今，可谓家孔孟而人阳明矣"，而明时赣地十三府中南昌、饶州、广信、九江、建昌、抚州、临江、吉安、袁州九府，都被赞许为"家有诗书""人多儒雅""比屋弦诵""尚礼崇德""力学知廉耻"。

第一节 理学

理学始盛于宋。其主旨基本是由周敦颐、张载、邵雍创立的新儒学，传承于子思、孟子一派的心性儒学，继后有程颢和程颐等人继续发展，最终由南宋朱熹集其大成，在元朝及其后的朝代中均为国家的官方思想。

二程曾同学于周敦颐，著作被后人合编为《二程集》。他们把"理"或"天理"视作哲学的最高范畴，认为理无所不在、不生不灭，不仅是世界的本源，也是社会生活的最高准则。在穷理方法上，程颢"主静"，强调"正心诚意";程颐"主敬",强调"格物致知"。二程学说的出现,标志着宋代理学思想体系的正式形成。到南宋时,朱熹继承和发展了二程思想,建立了一个完整而精致的客观唯心主义的思想体系。

理学的根本特点就是将儒家的社会、民族及伦理道德和个人生命信仰理念,构成更加完整的概念化及系统化的哲学及信仰体系,并使其逻辑化、心性化、抽象化和真理化。

朱熹

朱熹,字元晦,又字仲晦,号晦庵,晚称晦翁,谥文,世称朱文公。十九岁考中进士,曾任江西南康、福建漳州知府,浙东巡抚,做官清正有为,振举书院建设。官拜焕章阁侍制兼侍讲,为宋宁宗皇帝讲学。

图 3-1 朱熹

朱熹祖籍徽州府婺源县(今江西省婺源),出生于南剑州尤溪(今属福建省尤溪县)。他是宋朝著名的理学家、思想家、哲学家、教育家、诗人,闽学派的代表人物,儒学集大成者,世尊称为朱子。朱熹是唯一非孔子亲传弟子而享祀孔庙,位列大成殿十二哲者中,受官方祭祀。

朱熹是"二程"（程颢、程颐）的二传弟子李侗的学生，与二程合称"程朱学派"。其理学思想对元、明、清三朝影响很大，成为三朝的官方哲学，是中国教育史上继孔子后的又一人。

朱熹著述甚多，有《四书章句集注》《太极图说解》《通书解说》《周易读本》《楚辞集注》，后人辑有《朱子大全》《朱子集语象》等。其中《四书章句集注》成为钦定的教科书和科举考试的标准。

理气论

朱熹的哲学体系以二程的理本论为基础，并吸取周敦颐太极说、张载的气本论以及佛教、道教的思想而形成。这一体系的核心范畴是"理"，或称"道""太极"。朱熹所谓的理，有几方面互相联系的含义。

首先，理是先于自然现象和社会现象的形而上者。朱熹认为理比气更根本，逻辑上理先于气；同时，气有变化的能动性，理不能离开气。"天下未有无理之气，亦未有无气之理。"他认为万物各有其理，而万物之理终归一，这就是"太极"。

其次，理是事物的规律。理是伦理道德的基本准则。朱熹又称理为太极，是天地万物之理的总体，即总万理的那个理一。"太极只是一个理字。"太极既包括万物之理，万物便可分别体现整个太极。这便是人人有一太极，物物有一太极。每一个人和物都以抽象的理作为它存在的根据，每一个人和物都具有完整的理，即理一分殊。

最后，理在人身上就是人性。朱熹认为人皆有"天地之性"，其体现就是仁、义、礼、智、信等内容。同时，人人都有"气质之性"，"性者，人生所禀之天理也"。通过对气与理的关系的阐释，朱熹将人性与天理联系起来，使其具有本源性。当然，对于人性，朱熹强调有纯粹的天地之性和为世俗所晕染的气质之性，"论天地之性，则专指理言，论气质之性，则以理与气杂而言之"。不过，对于这种杂有气质之性的人性，朱熹并不认为只是"小人"所专有。事实上，"天之生此人，无不与之仁义礼智信之理"，但由于气质禀赋的原因，并非人人都能够认知其自蕴自洽的至善之性。故需能尽其性的君、师予以仁、义、礼、智、信等方面的教导，并由相关个体努力践行，以去恶从善而尽复其性。即所谓"革尽人欲，复尽天理"。

动静观

朱熹主张理依气而生物，并从气展开了一分为二、动静不息的生物运动，这便是一气分做二气，动的是阳，静的是阴，又分做五行（金、木、水、火、土），散为万物。一分为二是从气分化为物过程中的重要运动形态。朱熹认为由对立统一，而使事物变化无穷。他探讨了事物的成因，把运动和静止看成是一个无限连续的过程。时空的无限性又说明了动静的无限性，动静又是不可分的。这表现了朱熹思想的辩证法观点。朱熹还认为动静不但相对待、相排斥，并且相互统一。朱熹还论述了运动的相对稳定和显著变动这两种形态，他称之为"变"与"化"。他认为渐化中渗透着顿变，顿变中渗透着渐化。渐化积累，达到顿变。

格物致知论

"格物致知"出于《大学》"致知在格物"一语，原无认识论意义，基本上是讲对一般道德的体认。明确从认识论的意义上解释"格物"的第一个人是程颐。他说："格犹穷也，物犹理也。犹曰穷其理而已矣。"（《二程遗书》）朱熹继承了二程的说法，并建立了更系统的格物穷理说。他通过对"格物致知"的阐释，表述了自己的认识论思想。

从认识的目的来看，朱熹讲"格物致知"是为了当圣人。认为若做不到"格物致知"，无论如何都是凡人，只有达到"物格知至"，方可进入圣贤之域。

"格物致知"的具体内容是"穷天理，明人伦，讲圣言，通事故"。（《文集》）这里的"天理"主要是指仁、义、礼、智等封建道德，"人伦""圣言""事故"则是天理的阐发应用。朱熹认为，如果放弃对天理的追求，只把精力花在草木、器用的研究上，那就像散兵游勇那样，回不到老家。他说："兀然存心乎草木、器用之间，此何学问！如此而望有所得，是炊沙而欲成饭也。"（《文集》）

在"知""行"关系上，朱熹主张"知先行后"。朱熹的知行观，是指儒家的个人道德修养和实践。由于道德实践需要封建伦理指导，因此"知为先"。又因封建伦理不能只流于空谈，所以"行为重"。"知先""行重"是实践道德的两个方面，有其内在的逻辑一致性。如果从认识的角度看，"知先行后"颠倒了主次关系。认识来源于实践，知行之间应以"行"为第一性。"知为先"的主张显然是错误的。至于所谓"行为重"，虽有其合理因素，但它强调的也只是封建知识分子的个人道德实践。

人性二元论

在人性问题上，朱熹直接继承了张载和二程的思想。张载把人性分为"天地之性"和"气质之性"两种，认为人性的善恶是禀气不同所造成的。朱熹对此说十分赞赏，认为这个思想"有功于圣门，有补于后学""发明千古圣人之意，甚为有功"。(《语类》)二程继张载后，对"天理之性"和"气质之性"作了区别。在张、程思想的基础上，朱熹又全面论证了"天命之性"和"气质之性"的人性二元论。"理"与"气"，人生不可缺少。"理"在人未形成之前浑然于天空，于人一旦形成，便附于人体，成为先验禀赋于人心的仁、义、礼、智等封建道德，是先天的善性所在，人人皆有，故名"天命之性"。人体形成之时，必禀此气，由于气精粗、厚薄、清浊、久暂的不同，就产生了善恶、贤愚、贫富、寿夭的不同和性格上的差异。它有善有恶，名曰"气质之性"。上述二性并存于人身，这就是朱熹的人性二元论观点。

鹅湖之会

在南宋的理学家之中，陆九渊也是名气很大的人物。陆九渊与朱熹同时代，但比朱熹小9岁。二人在治学目标上基本一致，而其思想方法和认识途径却大不相同。从哲学观点上讲，朱、陆两家是南宋时期唯心主义理学内部的两个不同学派，由于观点不同，两家在学术问题上进行了长期的争辩。朱、陆二人的辩论方式，主要是通过书信的往来进行交锋，然而鹅湖之会却是一次例外。

宋孝宗淳熙二年（1175年），为了调和朱、陆之分歧，由另一位著名学者吕祖谦发起，邀请了朱熹和陆九渊、陆九龄兄弟共四五人在信州鹅湖寺（今江西铅山县境内）集会，讨论的主要问题是"为学之方"。这便是中国学术史上有名的"鹅湖之会"。虽然"鹅湖之会"直接参加辩论会的是朱熹和陆九渊兄弟,但列席旁听者不少,如浙江学者刘子澄、赵景明、潘叔度,陆九渊的门人朱亨道、邹斌等。鹅湖寺地处闽、浙、赣交界,闻风而至的学者亦有若干人。

二陆主张先发明本心,然后加以博览,认为本心之性千古不变,明心功夫终究久大;朱熹则主张通过问学致知的方法,先博览而后归之约。双方各持己见,陆九龄、陆九渊并赋诗明志,讥讽朱熹格物渐修功夫为"支离",总不免要泛观。这引起朱熹的不满。双方辩论三天,观点始终未得到统一。简言之,朱主张先博览而后归之于约,以陆的教法太简易;而陆主张先发明人的本心而后使之博览,以朱的教法为支离。

图 3-2　鹅湖之会

鹅湖之会 5 年过后(1180 年),陆九渊来到白鹿洞书院拜访朱熹,请为其兄陆九龄撰写墓志铭。二人相见甚欢,十分友善,并且表现了互相仰慕之情。朱熹不仅接受了陆九渊的请求,同时还邀请陆九渊为书院师生讲学,陆也欣然同意。陆九渊讲解了《论语》"君子喻于义,小人喻于利"章,听者深受感动,给师生们留下了良好印象。这件事说明朱、陆的观点虽有分歧,但他们在学术交往和待人处事的态度上都具有宽豁大度的君子之风。

黄宗羲曾在《宋元学案·象山学案》中评述二人的论争,说:

(陆九渊)先生之学,以尊德性为宗,谓"先立乎其大,而后天之所以与我者,不为小者所夺。夫苟本体不明,而徒致功于外索,是无源之水也"。同时紫阳之学,则以道问学为主,谓"格物穷理,乃吾人入圣之阶梯。夫苟信心自是,而惟从事于覃思,是师心之用也"。两家之意见既不同……于是宗朱者诋陆为狂禅,宗陆者以朱为俗学,两家之学各成门户,几如冰炭矣。……考二先生之生平自治,先生之尊德性,何尝不加功于学古笃行,紫阳之道问学,何尝不致力于反身修德,特以示学者之入门各有先后,曰"此其所以异耳"。……二先生同植纲常,同扶名教,同宗孔、孟。即使意见终于不合,亦不过仁者见仁,知者见知,所谓"学焉而得其性之所近"。

黄氏认为,所谓"尊德性"与"道问学",只是理学教人入门方法之不同,二者本不能截然分开。况且朱、陆在其中虽各强调一面,却同时兼顾另一面,所以他们这种争议,构不成根本的分歧。朱、陆"同植纲常,同扶名教",都发挥理学精义,即使意见有所不同,也只是"仁者见仁,知者见知""学焉而得其性之所近"而已。他们在为学中表现了各人性情和道德实践的差别。

第二节 心学

心学是儒家学说的一门,最早可推溯自孟子。北宋程颢开其端,南宋陆九渊则大启其门径,而与朱熹的理学分庭抗礼。至明朝,由王守仁(号阳明,世称阳明先生)首度提出"心学"二字,并提出心学的宗旨在于"致良知",至此心学开始有清晰而独立的学术脉络。其中心学最著名者六人,据黄宗羲《明儒学案》载:"南中之名王氏学者,阳明在时,王心齐、黄五岳、朱得之、戚南玄、周道通、冯江南,其著也。"因倡举者是南宋理学家陆九渊,而大盛其教的是王守仁,故多称之为陆王心学。心学是中国思想史上出现的第一个典型的主观唯心主义哲学体系,王守仁对其进行扩充和发挥,将之推向了高峰,对中国的学术思想和政治思想发生过重大作用。

陆九渊解说"宇宙"二字为:"宇宙内事乃己分内事;己分内事乃宇宙内事。""主张'宇宙便是吾心,吾心便是宇宙',又倡'心即理'说。

断言天理、人理、物理只在吾心之中。人同此心，心同此理。往古来今，概莫能外。"认为治学的方法，主要是"发明本心"，不必多读书外求，"学苟知本，六经皆我注脚"。王守仁强调"心即是理"，即最高的道理不需外求，而从自己心里即可得到。

陆九渊

陆九渊，南宋哲学家，字子静，抚州金溪（今江西省金溪县）人。因讲学于江西贵溪的象山书院，世多称之为象山先生。又因书斋名"存"，世称存斋先生。

图 3-3　陆九渊

陆九渊的思想接近程颢，偏重在心性的修养，他认为朱熹的"格物致知"方法过于"支离破碎"。陆九渊是"心学"的创始人，其主张"吾心即是宇宙""明心见性""心即是理"，重视持敬的内省工夫，即所谓的"尊德性"。朱熹言"理"，侧重于探讨宇宙自然的"所以然"；陆九渊言"理"，则更偏重于人生伦理。陆学直接于孟子的"万物皆备于我"，认为"人心至灵，此理至明；人皆具有心，心皆具是理""宇宙便是吾心，吾心便是宇宙""宇宙内事乃己分内事，己分内事乃宇宙内事"。他认为人的心和理都是天赋的，永恒不变的，仁、义、礼、智、信等也是人的天性所固有的，不是外铄的。学的目的就在于穷此理、尽此心。人难免受物欲的蒙蔽，受了蒙蔽，心就不灵，理就不明，必须通过师友讲学，切磋琢磨，鞭策自己，以恢复心的本然。修养功夫在于求诸内，存心养心。具体方法是切己体察，求其放心，明义利之辨。他自称这种方法为"简易功夫"，是"立乎其大者"，是"知本"，是"明本心"。至于读书，则最重视《大学》《中庸》《论语》和《孟子》，要求联系日用事物讽咏自得，反对习注疏章句之学、场屋之文，以谋求利禄。

王守仁

王守仁，幼名云，字伯安，别号阳明。浙江绍兴府余姚县（今属宁波余姚）人，因曾筑室于会稽山阳明洞，自号阳明子，学者称之为阳明先生，亦称王阳明。因之，其所倡举心学被称为阳明学。

图 3-4　王守仁

该学派是由王守仁发展的儒家学说，在继承陆九渊所强调的"心即是理"思想的基础上，王守仁反对程颐、朱熹通过事事物物追求"至理"的"格物致知"方法，因为事理无穷无尽，格之则未免烦累，故提倡"致良知"，从自己内心中去寻找"理"，"理"全在人"心"，"理"化生宇宙天地万物，人秉其秀气，故人心自秉其精要。在知与行的关系上，程朱理学包括陆九渊都主张"知先行后",将知行分为两截,认为必先知然后才能行。王守仁的心学强调知行合一,强调要知,更要行,知中有行,行中有知。所谓"知行合一",二者互为表里,不可分离。知必然要表现为行,不行则不能算真知。

王守仁的知行合一说深化了道德意识的自觉性和实践性的关系,克服了朱熹提出的知先行后的弊病,救朱学之偏;但其同时也抹去了朱熹知行说中的知识论成分。

王守仁的观点虽然有利于道德修养,但忽略了客观知识的学习,这就造就了以后的王学弟子任性废学的弊病。

知行合一

明武宗正德三年,心学集大成者王守仁在贵阳文明书院讲学,首次提出知行合一说。所谓"知行合一",不是一般的认识和实践的关系。"知",主要指人的道德意识和思想意念。"行",主要指人的道德践履和实际行动。因此,知行关系就是指道德意识和道德践履的关系,也包括一些思想意念和实际行动的关系。

知中有行,行中有知。王守仁认为知行是一回事,不能分为"两截"。他说:"知行原是两个字,说一个工夫。"他极力反对道德教育上的知行脱节及"知而不行",把一切道德归之于个体的自觉行动,这是有积极意义的。因为从道德教育上看,道德意识离不开道德行为,道德行为也离不开道德意识。二者互为表里,不可分离。知必然要表现为行,不行不能算真知。道德认识和道德意识必然表现为道德行为,如果不去行动,不能算是真知。王守仁认为:良知,无不行,而自觉地行,也就是知。

致良知

"致良知"就是如何为圣的过程。随着认识能力的提高,人们对社会、人生的认识也就有一个"再体到深处,日见不同"而觉"有滋味"的不断深化过程。因此,"人若复得""良知""完完全全,无少亏欠,自不觉手舞足蹈,不知天地间更有何乐可代",达致与天地万物同体并一气通彻的超然自乐的人生境界。在这种境界中,主体人格精神获得了高扬,个体的生命存在价值得到了肯定,人的心灵被提升为与天地同体无古无今的永恒,而这正是生命的体验过程。王守仁晚年曾说:"致者,至也,如云'丧致乎哀'之致。《易》言'知至至之',知至者知也,至之者致也。致知之者,非若后儒所谓充广其知识之谓也,致吾心之良知焉耳。"(《大学问》,《阳明全书》卷 26)

江右王门

阳明学在明代已多有学术追随者,罗列有江右学派、浙中王门、南中王门、楚中王门、闽粤王门、北方王门、泰州学派等"王门七派"。七派里的江右派系指明代中后期江西一带的王门后学,代表人物有邹守益、聂豹、罗洪先、欧阳德、王时槐、刘文敏、刘阳、胡直、邹元标等一批著名的王门弟子。

王守仁身后,其学术曾被一度被定为"伪学",但受到的崇信反而更热烈,江西的门人表现尤为突出。嘉靖十三年(1534 年),邹守益等安福县王门弟子建书院于四乡,春秋二季汇聚吉安府的学人在青原山会讲,促成天下王门弟子到处聚讲,蔚然成风。江西的王门弟子众多,形成一个庞大的王学群体,被选入《明儒学案·江右王门学案》的学者多达 30 人,其中安福邹守益、王时槐,泰和欧阳德,永丰聂豹,吉水罗洪先、邹元标,新建魏良弼、邓以赞,南城邓元锡,南昌章潢等,都是代表中的杰出者,主要出自王阳明生平讲学的赣江中下游的 10 县。

该学派认为,心是天地万物之主,它可以密藏膏肓之间,也可充满世界。"为吾一身之主,为天地万物之主,轨有外于心?""心,固不出乎腔子里,然退藏于密者此也,弥满于六合者亦此也"。(黄宗羲:《明儒学案·江右王门学案》,下同)该学派认为,"道"即是"中",即是心。"问道器之别。曰盈天地皆形色也。就其不可睹不可闻超然声臭处指为道;就其可睹可闻体物不遗指为器。非二物也。今人却以无形为道,有形为器,便是袭了宗旨。喜怒哀乐即形色也。就其未发浑然不可睹闻指为中,就其发而中节,灿然可睹闻指为和。"可见,"道"即"中"。又说:"若究其极,则所谓不睹闻。主静之静,乃吾心之真。"可见,"中"即"心"。又认为,"良知"即是"心",源自天生。"吾心本体,精明灵觉""良知之教，乃从天命之性，指其精神灵觉而言"。主张学问的目的是迁善改过。所谓"学问之道无他也。去其不善，以归于善而已矣""迁善改过，即致良知之条目也。果能戒慎恐惧，常精常明，不为物欲所障蔽，则即此是善"。又说："慎独之功，即从戒惧抽出言之。盖未有独处致慎，而不为戒慎恐惧者。"

该学派固守王氏"致知格物"说，认为良知与知觉不同。指出："知觉与良知，名同而实异。所知视、知听、知言、知动，皆知觉也，而未必其皆善。良知者，知恻隐、知羞恶、知恭敬、知是非，所谓本然之善也。"又认为：对于"格物致知"，有的学者"以知识为知""以凡有声色象貌于天地间者为物"，这些都失掉了《大学》的本意，"先师谓知是独知，致知是不欺其独知，物是身心上意之所用之事，如视、听、言、动、喜、怒、哀、乐之类""格物是就视、听、喜、怒诸事慎其独知而格之，循其本然之则，以自慊其知"。即"知"是先天的知，是"天理"，"致知"是不要丝毫地瞒昧了"良知""天理"，"物"是意念中的物，不是离开了意念独立存在的物，"格物"就是按天理原则克服意念中的不善，保存和发展意念中的善。

从学术脉络来看，江右王门恪守师说，保持了王学的基本观点，故也称王学正统派。

第三节 书院

书院之称谓始于唐代。宋王应麟《玉海》论及书院时说，"院者取名周垣也"，意即用一圈土墙将书围起来，好似古代的图书馆。最早以书院命名的是唐玄宗在长安设的丽正书院（后改集贤书院），但学者或不以其为后世书院之始。从事教学活动的书院大约始于中唐时期，约在唐德宗贞元年间（785—804年）至唐宪宗元和年间（806—820年）。江西的桂岩书院即创建于这一时期。桂岩书院在唐洪州高安县境内，地处县城北60里之洪城桂岩，即今江西高安县华林乡。桂岩书院的创始人为高安幸南容。幸南容于贞元九年（793年）中进士，曾官为国子监祭酒。814年告老还乡，创建桂岩书院，"开馆授业"。这是江西书院史上最早的书院，也是中国最早的聚徒讲学的书院之一。除桂岩书院外，江西建于唐代的书院还有东佳书院、虎溪书院、李渤书堂、景星书院等。

东佳书堂系江州陈氏所建。唐僖宗乾符年间（874—876年）诏旌其门，南唐升元元年（937年）诏立陈氏为"义门"，入宋后包括宋太宗、仁宗等封建君王对其亦多有旌赐，江州陈氏成为唐至北宋时期较有影响的聚居大家族。第七世陈崇于唐大顺元年（890年）主持制定了《陈氏家法》，"立书屋一所于住宅之西，训教童蒙。每年正月，择吉日起馆，至冬月解散。童子年七岁，令入学，至十五岁出学。有能者令入东佳"，"（东佳书堂）因胜据奇，是卜是筑，规模宏大，书楼和堂庑数十间，聚书数千卷，田二十顷，作为游学之资。子弟之秀者，弱冠以上皆就学"，迁延之下，"江南名士，皆肄业于其家"。

此后，江西书院代有增置。据清雍正《江西通志·书院》统计，江西共有书院368所，其中创建于唐代的5所，南唐2所，宋代131所，元代36所，明代166所，清代28所。另据清光绪《江西通志·书院》记载，江西书院达526所。有学者根据其他各种史籍、志书、笔记、碑刻统计，认为江西古代书院足有千余所之多。

作为书院最发达的省份之一，江西曾经数度"独领风骚"。除白鹿洞书院、象山精舍外，唐代的东佳书院，五代的华林书院，宋代的雷塘书院、樱桃洞书院、盱江书院、濂溪书院、东湖书院、白鹭洲书院、鹅湖书院，元代的慈湖书院，明代的康斋书院、石洞书院、青原会馆、正学书院、仁文书院，以至清代初年的三山讲学与清末的经训书院，皆可在中国书院史上占有一席之地。

江西书院在历史上的地位，首推白鹿洞书院。白鹿洞书院在庐山五老峰下，唐贞元年间洛阳人李渤与其兄李涉曾在此地隐居读书。李渤畜一白鹿自随，于是人称渤为白鹿先生，其所居为白鹿洞。后来李渤当了江州刺史，在这里建筑台榭。到南唐升元中，又办起学馆，称"庐山国学"，到了宋代扩建为书院。白鹿洞书院的鼎盛时期在南宋。宋孝宗淳熙六年（1179年），朱熹知南康军，访白鹿洞，奏请重建。他凭知军之力，为书院筹措田产，制定学规。朱熹自任洞主，给诸生讲学。

朱熹立下的"鹿洞教规",以理学教育家的观点,揭示书院教育的指导思想、目标、内容、为学顺序,对学者修身、处事、接物提出纲领性的要求,是古代书院教规的典范,随即为江西和全国各地众多书院所借鉴或采用,至明犹为东林书院所依照,清乾隆元年"谕旨"又规定各地书院予以"酌仿"。淳熙八年,陆九渊应邀到白鹿洞讲学,阐述"君子喻于义,小人喻于利"。朱、陆是两个不同的学派,朱熹邀请陆九渊到白鹿洞讲学,为不同学派同在书院讲学树立了典范,开书院"讲会"制度之先河。朱熹和陆九渊在白鹿洞的活动,因他们在理学界的崇高地位,使书院名声大振,白鹿洞书院成为宋代四大书院之首。

图 3-5　白鹿洞书院

书院是一个教育机构,又是一个学术研究机构。学术研究是书院教学的基础,而书院的教学又是学术研究成果传播和发展的必要条件。学术研究和教育相结合是书院的一个最突出的特点。历史上有名的书院,大多数都既是当时一方教育活动的中心,又是著名的学者探讨学术的胜地。白鹿洞书院是朱熹传播其客观唯心主义理学的著名阵地。陆九渊创办象山书院,借以弘扬其主观唯心主义理学思想。象山书院始建于淳熙十四年(1187年),当时名"象山精舍"。象山精舍在贵溪县上清镇东南的应天山上。因山形如象，陆九渊将应天山改名为"象山"。他在这里讲学五年，先后上山求见问学者"逾数千人"。他办学的宗旨是"明理、志道、做人"；教学方法多样，有主讲、谈话及互相问答。他要求学生自我反省，"正坐拱手，收拾精神"；读书要专精，不要"随人脚跟，学人言语"。象山精舍因陆九渊而闻名天下，被称为南宋四大书院之一。

元人入主中原之后，对儒家教育的重视态度大不如前朝。两宋时期书院教育高度发达的江西，不但文化远不如前代，其书院教育内容，在探究义理、深刻学问方面也多有不如。但总体而言，在前代的基础上，文化的兴盛之象还基本有所保持，元代江西的书院在数量上与前代基本持平甚至有所发展。其中最重要的一个原因就在于科举。学者曾经考订认为元代江西有书院近百所，占到了全国书院总数量的近四分之一，在拥有量上远高于元人统治的其他地方。

有明一代，江西的书院数量持续增长。江西的书院虽然在明初年曾一度受到压制，但是成化弘治之后，渐趋恢复。著名的白鹿洞书院不但在成化年间修葺一新，为便利教学，还聘请当时著名学者胡居仁主持书院、宣扬学问。数据显示，有明一代，江西一地共新建书院164所，成化以前仅有17所，成化至正德年间14所，至嘉靖一朝兴建书院就达到44处之多。

在明代，书院讲学之风甚盛。其间自由阐发之处，在在多有。讲学是书院最重要的活动内容。明代江西书院讲学氛围极为浓厚，一大批有名的学者，如湛若水、胡居仁等纷纷前往书院讲学；官员如提学王宗沐、知县王垣京等也相继课士于书院，一些江西籍的退休官员，如刑部右侍郎刘节、知县饶秉鉴等也到书院任教。前往书院听讲的生徒众多，如明南京兵部主事刘忠在永丰县龙云书院讲学，"闽、楚、浙、蜀之士来学者甚众"；弘治十年兵部郎中上饶娄性在星子县白鹿洞书院讲学，"来学者五百余人"；正德十三年王守仁在赣州府濂溪书院讲学，四方学者前来听讲，致使讲堂都无法容纳。

书院讲会制度也十分盛行。如吉安府青原会馆，万历年间"每岁季月小会，九月大会，四方来学者千百人"。嘉靖年间，理学家邹守益与"刘邦采、刘文敏、刘子和、刘阳、欧阳瑜、刘肇衮、尹一仁等建复古、连山、复真诸书院，为四乡会，春秋二季合五郡，出青原山，为大会，凡乡大夫在郡邑者皆与会焉，于是四方同志之会，相继而起"，世称青原会。邹守益、罗洪先、聂豹、欧阳德等相继主盟，会讲于此。浙江王畿、钱德洪等亦率徒来会。

　　明清易代之后，入主中原的少数民族政权对于中原汉地的自由讲学之风甚为警惕。为钳制社会思想，更明令禁止自由讲学。其间，江西的自由讲学之风，自不如前朝兴盛。但仅就书院教育而言，四大书院经历的一系列修复和重建，还是在某种程度上接续唐宋以降江西兴盛的书院教育风习的学术余晖。

白鹿洞书院

　　白鹿洞书院位于江西省九江市庐山五老峰南麓，与岳麓书院、应天府书院、石鼓书院并称天下四大书院，居四大书院之首，享有"海内第一书院"之誉。唐朝长庆年间，洛阳人李渤在此地读书隐逸，以白鹿自娱，时人称白鹿先生。又因此地山形合围似洞，书院因而得名。

图 3-6　白鹿洞

　　南唐李氏朝廷，在此办"庐山国学"，又称"白鹿国学"。北宋初年，宋太宗重视书院教育，御赐《九经》等书于书院。因有朝廷重视，地方官吏予以重视，书院得以发展。南宋淳熙六年，理学宗师朱熹知南康军

（今江西省九江市星子县），率百官造访书院，当时书院残垣断墙，杂草丛生。朱熹非常惋惜，责令官员修复白鹿洞书院，并自任洞主，制定教规，延聘教师，招收生志，划拨田产，苦心经营。朱熹制定的《白鹿洞书院揭示》(又称《白鹿洞书院教规》)影响后世几百年，其办学模式为后世效仿，传至日本、韩国及东南亚一带，白鹿洞书院誉享海外。

象山书院

象山书院位于江西省贵溪市上清镇东南应天山，亦名"象山精舍"，为南宋四大书院之一。书院首创于南宋淳熙十四年（1187年），其创始人为陆九渊，当时称作"象山精舍"。贵溪应天山"陵高而谷邃，林茂而泉清"，陆九渊登而乐之，乃建精舍居焉。学生结庐其旁，早晨鸣鼓"揖升讲座"，从容授学。

图 3-7　象山书院

陆九渊规定象山精舍的办学宗旨是"明理""志道""做人"。为了实践自己的办学主张，陆九渊在象山精舍采用多种教学形式，运用了一些与众不同的教学方法，诸如严肃认真地升堂讲学，他"从容不迫"地讲课，"终日不倦"。"音读清响"的语言，富有启发的讲解，使学子"无不感动兴起""感激奋砺"。在日常教学中，陆九渊还采用颇似禅宗"机锋"的谈话教学，要求门徒有切己自反、改过迁善的自我修养，在指导学生读书时侧重精专创新，并率学生寻访山川名胜，陶冶情操，开阔视野。应天山"苍林阴翳，巨石错落"，风景十分优美。虽然到应天山象山精舍求学路途遥远，交通不便，困难很多，但陆九渊以他的博学卓识吸引了许多人。象山精舍平时就读的学生约百人，五年中先后来求见问学者"逾数千人"。当时已负盛名的理学家朱熹写信给陆九渊说:"闻象山垦辟架凿之功益有绪,来学者亦甚,恨不得一至其间观奇揽胜。"

鹅湖书院

鹅湖书院位于上饶铅山县鹅湖镇鹅湖山麓,为古代江西四大书院之一,占地8 000平方米。鹅湖书院曾是一个著名的文化中心。尤其是南宋理学家朱熹与陆九渊等人的鹅湖之会,成为中国儒学史上一件影响深远的盛事。人们为了纪念"鹅湖之会",在书院后建了"四贤祠"。宋淳熙十年赐名"文宗书院",期间多有兴废,至明景泰年间(1450—1456年),重修扩建后正式定名"鹅湖书院"。

图3-8 鹅湖书院

鹅湖书院在鹅湖寺(仁寿寺)的左边,而鹅湖塔则在鹅湖书院的左边。鹅湖书院的大门不在正中,而在左面,所以正对着鹅湖塔。书院四周有山有溪,环境幽雅。鹅湖书院比鹅湖寺大得多,建筑规模颇似孔庙。由大门进去,经过两排桃树,有一个大圆门,圆门内有一个大院子,对面又是一个大圆门,上面是三排殿宇,由此登石阶而入,又是一个院子,里面是半月池,池周围是石栏杆。经过古桥是第一排殿宇,再过一个院子是第二排殿宇,其最后一排殿宇是四贤祠。祠前也是一个院子,祠后则是一个相当高的平台,其下有一小池,其后是一座高墙,正对那两大圆门的北端高墙。这三排殿宇是主屋。在主屋两旁,又是一排一排的房屋,错落有致。

在鹅湖书院后面的四贤祠内,设有朱、吕、二陆四个牌位,又有一个题着"顿渐同归"字样的匾额,这和书院前排建筑中所悬"道学之宗"的御匾正遥遥相对,由此可见宋代朱陆鹅湖之会的盛况。抗日战争期间,鹅湖书院成为东南训练团的驻扎营地。

白鹭洲书院

白鹭洲书院位于江西吉安市内赣江江心的白鹭洲之头,依洲名而称之为"白鹭洲书院"。白鹭洲书院为南宋吉州知军江万里于南宋淳祐元年(1241年)创建,和庐山的白鹿洞书院、铅山的鹅湖书院、南昌的豫章书院齐名,并称为古代江西四大书院。据《庐陵县志》记载:"白鹭洲书院,在郡城东白鹭洲上。宋淳祐元年辛丑,知吉州军江万里建。奏于朝,置山长;理宗御书白鹭洲书院,以赐。院内立文宣王庙、棂星门、云章阁、道心堂、万竹堂、风月楼、浴沂亭、斋舍。"后增建"六君子祠",祀程颐、程颢、周敦颐、张载、邵雍、朱熹等六人。

图 3-9 白鹭洲书院

宝祐四年(1256年)临安开考,吉州生员中进士40名,占该年全国录取进士总数的九分之一,其中文天祥以他的文才、志向,或许还因他的大号"宋瑞"被钦点为状元。文天祥的《祭欧阳撰斋（守道）先生》一文中曾写道："某弱冠登先生之门……盖有年于兹。"点明文天祥曾于宝祐三年（1255年）在白鹭洲书院读了一年书。宋理宗遂亲书"白鹭洲书院"匾额，作为对白鹭洲书院的嘉奖。从此白鹭洲书院扬名天下。

图 3-10　文天祥

元代至元十九年，书院被洪水冲毁，吉安路总管李珏修复。至正十二年，红巾起义军与元兵战于吉安，书院大部被烧毁。时过两年，又遭大水，书院毁坏殆尽。至正十五年重建，恢复旧观。

明嘉靖五年，吉安知府黄宗明又重修。到嘉靖二十一年，曾将书院从白鹭洲迁离，在城南仁寿寺址另建新院舍。隆庆六年，城南仁寿寺新建的白鹭洲书院改为庐陵县学，又将书院迁建于城北郊。至万历二十年，吉安知府王可受将书院重新迁回白鹭洲上，并增筑吉台，开鹭池，立桥池上，扩建斋舍百间，其余堂、阁、楼、亭均重修。

至清代，书院又多次毁于水灾和战争，曾先后九次重修或重建。至咸丰六年，太平军与清兵激战于吉安，书院又被焚毁。至同治二年，经知府曾省三倡修恢复。洲头现存的风月楼、云章阁以及一排排的斋舍，就是同治二年最后一次修建时所遗留下来的建筑。而洲中心现存的鹭池，则是明万历二十年重修书院所开辟。

白鹭洲书院的办学宗旨是敦教化、兴理学、明节义、育人才；办学特色突出，教学质量、学术水平都很高。其创始人江万里曾官至宰相，元兵南下时，他退居鄱阳，愤而投水自尽，是历史上有名的忠贞节烈之士。书院的第一任山长欧阳守道，是宋代江西知名的学者。守道主持书院10年，白鹭洲书院成了著名学府。《白鹭洲书院志》上有"刘辰翁、文天祥、邓光荐皆出其门"的记载。

豫章书院

豫章书院位于原南昌府的进贤门内（今南昌第十八中学），先后以理学祠、孝廉堂、书院等形式出现，为古代江西学术思想的传播、人才培养的著名官学机构。豫章书院创建于南宋，为当时理学家们传播程朱之学的基地。

图3-11 豫章书院

豫章书院创于南唐升元二年（938年），距今1 000余年。明万历七年（1579年），江西巡抚凌云翼、潘季训先后重修，改祀宋、元、明诸儒，称"豫章二十四先生祠"，即罗从彦、陆九韶、陆九龄、陆九渊、李燔、黄灏、张洽、吴澄、吴与弼、罗伦、胡居仁、张元祯、欧阳德、邹守益、罗洪先、魏良弼、舒芬、罗钦顺、胡直、罗汝芳、王时槐、邓以赞、李材、邓元锡,他们都是江西省内的理学名家,蜚声海内,象山先生陆九渊更是一代儒学巨擘,书院对其崇祀有很明显的教化用意。

清康熙二十八年(1692年)改名为"理学名贤祠",三十一年(1695年)巡抚马如龙重建,聘南昌进士熊飞渭为山长;选江西各府、州、县、厅学之生员俊秀者入学;五十六年(1717年)官方再次重建,而且布局有所不同,右为讲堂,左为祠堂,面向全省选拔数百名学子读书其中;五十七年(1718年),康熙皇帝御书"章水文渊"四字门额赐予书院,书院进入了历史上最好的发展时期。乾隆皇帝对书院亦较为重视,并对师长、士子两方面做了严格规定,强调人品为上的原则:"凡书院之师长,必选经明行修,足为多士模范者,以礼聘请。负笈生徒,必择乡里秀异、沉潜学问者,肄业其中。其恃才放诞佻达不羁之士,不得滥入。"并明令仿效白鹿洞书院"立之规条,以检束其身心"。在这种形式下,陈宏谋与郝硕两位巡抚分别从院规与院舍两个方面下了很大的功夫,奠定了书院进一步发展的基础。由于清朝康熙、雍正、乾隆三位皇帝的重视,豫章书院成为全国闻名的大型书院之一。

第四节 科举

对于创制于隋而完备于唐的科举制度,历代评价甚高。通过打通阶层流动,这个制度为平民士子的上升提供了渠道,也使得"朝为田舍郎,暮登天子堂"成为文人们共同的自我期许。这期间的江西,对这个制度表现出了极高的投入度。

唐代每科录取的进士很少,不过二三十人。但这批幸运儿中就有65名江西人。根据地方志的信息,江西最早的进士是饶州的张文瓘、董申,最早的状元是会昌三年(843年)考中的袁州的卢肇。卢肇(818—882年),宜春人,少年学习刻苦,有头悬梁、锥刺股之举。中状元后,任著作郎,充集贤院直学士,后出任歙州、宣州、池州、吉州刺史。他为官操节凛然,从不攀附曾是老朋友的当朝宰相李德裕,在官场上"全无亲党,不能吹嘘"。卢肇科举夺魁,给袁州学子以巨大的激励,继起者踵至。

会昌五年（845年），宜春人易重又中状元，进士人数共计27名，占江西进士总数的41.5%。一州连得两名状元，四方为之震动。进士中如黄颇、郑谷等，也都擅长诗文，有大名望。所以杜佑评论说：袁州"艺文以儒文为盛"。

两宋的科举考试空前繁盛。江西各州县经济振兴，家族书院林立，培养出大批饱学之士，进入科场，中高科、获官爵。依光绪《江西通志》所记，北宋时得进士1 745人，南宋得3 697人，共计5 442人，以68县平均，每县约80人。新城县于南宋绍兴八年（1138年）建县，是当时倒数第二个建县的，但是发展很快，"终宋之世，乡贡士累百数，南官首荐者三人，登进士第者六十余人。邑在万山之间，为文学之懿于东南，在甲乙之目矣"。大批的进士登上政坛，跻身学术，在中华民族文化发展史上写下光辉篇章。

在这些科场得意者中，任宰相参知政事的显宦有25人。欧阳修、王安石、陈恕、曾布、周必大、文天祥等都是著名政治家。李觏、陆九渊、李燔、张洽等是著名思想家。晏殊、曾巩、黄庭坚、洪迈、杨万里等是著名文学家。乐史、刘恕、刘攽、刘敞、徐梦莘等是著名史学家。王克明、陈自明、侯世昭等是医药专家。孙义伯、周执羔是历算家。侯叔献、余良肱是水利专家，等等。群星璀璨，人才辈出，给世人留下深刻难忘的印象，显示了群体性的特征。南宋嘉定初年，蜀人李道传因评议杨万里谥号一事，综论了江西人物全貌。他说：

窃观国朝文章之士，特盛于江西，如欧阳文忠公、王文公、集贤殿学士刘公兄弟、中书舍人曾公兄弟、李公泰伯、刘公恕、黄公庭坚。其大者古文经术足以名世，其余则博学多识，见于议论，溢于词章者，亦皆各自名家，求之他方未有若是其众者。然尝论之，此八九公所以光明俊伟、著于时而垂于后者，非以其文，以其节也。盖文不高则不传；文高矣而节不能与之俱高，则虽传而不久。是故君子惟其节之为贵也。此八九公者……皆挺然自立，不肯少贬以求合。……南渡以来，世不乏人。求之近岁，若宝谟阁学士杨公者，其真所谓有是文而有是节者乎！

李道传的看法，经朝中大臣议论一致同意，最后皇帝批准，给杨万里谥"文节"。李道传所揭示的"文与节俱高""不肯少贬以求合"的特色，是江西人物的主流形象，也是中国传统文化的精华。有学识，重节操，能抗黑暗，不与腐臭同流合污，这是古昔圣贤推崇的高尚人品。汉代的南州高士徐孺子、晋代的靖节先生陶渊明是这种人，明代的宋应星、汤显祖也是这种人，南宋文天祥则是杰出的典型。这种人品超越时空，对今人仍有借鉴意义。

科举制度在元代的恢复，得力于江西人士，首先是程钜夫（1249—1318年）。程钜夫是南城县人，获元世祖信用，率先建议取用江南士人，奉命求贤于江南，举荐了吴澄、赵孟頫等20余人，均受任用。皇庆二年（1313年），他参与议论恢复科举，主张"经学当主程颐、朱熹传注"，并负责草诏，实行科举取士。他在诏书中写明，考试从四书内出题，准用朱熹集注。从此，朱熹理学登上统治思想的高位。

明代以后，随着八股制度的推行，科举考试渐趋形式化和固定化。其对于人才的约束，越来越严重。但江西士人对此仍乐此不疲，皓首穷经于八股文中，以功名是尚，以科途为高。一方面是明代前期江西士人在科途上成果彪炳，世称"朝士半江西，吉水多翰林"。从明永乐至明景泰帝将近50年中，江西泰和人一直担任内阁首辅（解缙、胡广、杨士奇、陈循），接着江西人几乎还连续担任首辅（彭时、费宏、夏言、严嵩），江西人把持朝政将近150年。但大数据的资料显示，从明洪武四年新办明朝的第一次科举开始，一直到清光绪三十年彻底废除科举制度的500余年间的203次科举考试中，一共录取了进士51 624名，其中来自江西的有4 988名，将近10%，在各省中只能居于中上的位置。其中，明史列传的江西人有408人，而清史稿所列江西只有104人，这个数字在揭示江西人在科途上渐趋落伍的同时，也不经意地表现了明清时期江西在社会经济发展方面的江河日下。

第四章
江西的雅文化

雅俗之分，本无高下之别；大俗大雅间的起承转合所内含的就是我们的先民在应对生活的方方面面时所采取的姿态与策略。俗之极或有雅骨内蕴其间，雅之至也不能全无生民日用。对历史演进过程中形成的江西地域文化所包含的信息进行雅俗区分，本就不免有强以为之处，敷衍文字也不过是便于编列篇章。所以，本处所列之雅，不过是传统士绅、学人经济日用之余的文辞赏玩而已。

第一节 诗词

江西诗词兴起较早，中唐殷幡所编辑的《河岳英灵集》已经收录多名江西籍诗人的作品。入宋以后，江西诗派奋然而兴；延至明代，江右诗派的成就也颇为引人注目；其间，兴于五代、盛于两宋的江西词派成绩亦不遑多让。

唐诗

中唐殷璠选录唐开元二年至天宝十二年（714—753年）期间常建、李白、王维、高适、岑参、孟浩然、王昌龄等24人诗234首编成《河岳英灵集》。该诗文集在收录的每个诗人后面都附有评语，辑录以"既闲新声，复晓古体。文质半取，风骚两挟。言气骨则建安为传，论宫商则太康不逮"为标准。对诗人的评论亦多有精辟见解。该书选篇精到、评论中肯，是现存的唐人选唐诗中最重要的一种。其中收录的江西籍诗家共有 3 人，分别是刘眘虚、綦毋潜和王季友。中晚唐期间，江西的诗人以吉中孚和郑谷影响较大。

刘眘虚是新吴（今奉新县）人，字全乙，生卒年不详，殷璠说"惜其不永，天碎国宝"。《河岳英灵集》编成于天宝十二年（753年），可见刘眘虚在此前已谢世，而且寿命不太长。据说其9岁即作文上书给皇帝，被召拜童子郎。开元二十一年进士及第，授洛阳尉，迁夏县令，后为崇文馆校书郎。刘对校书郎的工作不大满意，为此，高适还曾婉言劝告过他："昔日京华去，知君才望新。应犹作赋好，莫叹在官贫。"但他性情高古，不慕权势，因此仕途很不得意，后来终于辞官而去，流落于江南一带，寄情山水，与著名诗人贺知章、包融及书法家张旭交游，世称"吴中四友"。

刘眘虚也是严羽所说的盛唐大名家之一，《河岳英灵集》收其诗达11首之多，《全唐诗》存其诗15首。刘眘虚性格高古，不慕荣利，可归入王维、孟浩然的山水田园诗一派。他的诗歌，大致分两个阶段。离开长安之前，他一直持一种积极的入世态度，他的朋友阎防当时寄住在终南山的一所寺院中读书，他写了一首《寄阎防》进行劝慰，鼓励朋友"应以修往德，亦惟立此身"。经历了坎坷的仕途生活之后，他的作品便大多抒发自己对幽深清远的林下风流的向往与追求。如《阙题》：

道由白云尽，春与青溪长。时有落花至，远随流水香。
闲门向山路，深柳读书堂。幽映每白日，清辉照衣裳。

此外，还有一些残句，如"归梦如春水，悠悠绕故乡""驻马渡江处，望乡待归舟"，都反映出他思念故乡、厌倦仕途的情怀。

綦毋潜是江西虔州（今赣州市）人，约生于武则天天授二年（691年），15岁入长安游学求仕，开元十四年（726年）进士及第，投宜寿尉（今陕西周至县），此前曾落第还乡一次，时在开元八年左右。开元十八年前后入集贤院待制，为校书郎。开元二十一冬挂冠归隐，次年秋回到江南一带游历。开元末天宝初因家境拮据，又重返京洛谋求复职，天宝十一年任右拾遗，后升至著作郎。天宝末年安史之乱爆发，他再度弃官归隐江淮，后不知所终。《河岳英灵集》收录其诗6首，《全唐诗》存其诗 26 首，代表作为《春泛若耶溪》，为历代选家注目。綦毋潜在开元天宝之际诗名很高，与盛唐著名诗人李颀、王维、张九龄、储光羲、孟浩然、卢象、高适等都有交往唱酬，其中与李颀、王维过从甚密。严羽在《沧浪诗话》中称他为唐代诗人中的大名家之一。殷幡则称其诗"历代未有。荆南分田，数百年来，独秀斯人"。

綦毋潜可归入王维、孟浩然的山水田园诗一派。其生性傲然，常怀"明时久不达"之感，似乎较汲汲于荣利。

王季友是江西丰城人，《江西通志》认为其本河南人，流寓江西丰城，遂家焉。《河岳英灵集》辑其诗 6 首，《箧中集》辑其诗 2 首，《全唐诗》共存其诗 11 首。在盛唐诗人中，王季友应算是最穷的一个，但他人穷志不短，刻苦攻读，终于诗名大振。王季友与杜甫、岑参、钱起、沈千运等交好，岑参称赞他"王生今才人，时辈咸共仰。何当见颜色，终日劳梦想……"杜甫则称赞他"王生早曾拜颜色，高山之外皆培塿"。

吉中孚是楚州人，久居鄱阳，大历十才子之一。生年不详，卒于唐德宗贞元初年。工诗，与卢纶、钱起等齐名。初为道士，后还俗。至长安，谒宰相。有人荐于天子，日与王侯高会，名动京师。未几，进士及第，授万年尉，除校书郎。又登宏辞科，为翰林学士。历谏议大夫、户部侍郎、判度支事。中孚著有诗集一卷，《新唐书·艺文志》传于世。

郑谷是唐朝末期著名诗人，字守愚，汉族，江西宜春市袁州区人。僖宗时进士，官都官郎中，人称郑都官。又以《鹧鸪诗》得名，人称郑鹧鸪。其诗多写景咏物之作，表现士大夫的闲情逸致。风格清新通俗，但流于浅率。曾与许裳、张乔等唱和往还，号"芳林十哲"。原有集，已散佚，存《云台编》。郑谷 7 岁能诗，"自骑竹之年则有赋咏"。父史，开成中（838 年左右）为永州刺史，与当时著名诗人、诗论家司空图同院，图"见而奇之，拊其背曰：当为一代风骚主"。及冠，应进士举，凡十六年不第。僖宗广明元年（880 年）黄巢入长安，谷奔西蜀。光启三年（887 年）登进士第。昭宗景福二年（893 年）授京兆鄠县尉。迁右拾遗补阙。乾宁四年（897 年）为都官郎中，诗家因称郑都官。天复三年（903 年）左右，归隐宜春仰山书屋。卒于北岩别墅。死后安葬在宜春城北 7 里的江北岭。北宋时期，袁州太守祖无择曾主持修缮其墓，如今已无迹可寻。

宋诗

唐时江西诗人崭露头角，宋时的江西诗人也多有贡献。北宋时江西诗派的形成和南宋时诚斋体的成熟，都是江西人在两宋诗坛展露的芳华。

江西诗派

宋徽宗时，吕本中作《江西诗社宗派图》，下列陈师道、潘大临、谢逸、洪刍、洪炎、洪朋、饶节、僧祖可、徐俯、林敏修、汪革、李錞、韩驹、李彭、晁冲之、江端本、杨符、谢薖、夏倪、林敏功、潘大观、何颙、王直方、僧善权、高荷，合25人。吕本中认为这些诗人与黄庭坚是一脉相承的。诗派中并不都是江西人。后被归入江西诗派的还有吕本中、曾几、陈与义等。稍后曾纮、曾思等人也被补入江西诗派。

黄庭坚、陈师道去世以后，诗坛空气趋于凝固。经过王安石、苏轼、黄庭坚、陈师道等人的努力，宋诗的特征已基本定型，黄、陈法度森严的创作更为青年诗人提供了法则和规范，而严酷的政治局势又从外部促使诗人的心态更加内敛。于是，吟咏书斋生活，推敲文字技巧，便成为江西诗派的创作倾向，这也是当时整个诗坛的倾向。

在南宋初期，江西诗派在艺术风格上也发生了深刻的变化。黄庭坚的诗论中本来就包含求新求变、自成一家的精神，江西诗派中几个比较杰出的诗论家都理解并继承了这种精神。曾季貍在《艇斋诗话》中指出："后山论诗说换骨，东湖论诗说中的，东莱论诗说活法，子苍论诗说饱参。入处虽不同，然其实皆一关捩，要知非悟入不可。"的确，从陈师道、徐俯到吕本中、韩驹，江西诗派成员内部的诗学观点并非绝对一致，其对黄庭坚诗论基本精神的倡扬最力者，首推吕本中的"活法"之说。

诗派成员多数学杜甫，宋末，方回又把杜甫、黄庭坚、陈师道、陈与义称为江西诗派的一祖三宗。江西诗派的诗歌理论强调"夺胎换骨""点铁成金"，即或师承前人之辞，或师承前人之意；崇尚瘦硬奇拗的诗风；追求字字有出处。在创作实践中，诗派"以故为新"，重要作家的诗作风格迥异，自成一体，成为宋代最有影响的诗歌流派。它的影响遍及整个南宋诗坛，余波一直延及近代的同光体诗人。

杨万里

杨万里，字廷秀，号诚斋，江西吉水县人。他是我国南宋时期杰出的爱国诗人，一生力主抗金，与尤袤、范成大、陆游等合称南宋"中兴四大诗人"。

图 4-1　杨万里

杨万里一生力主抗战，反对屈膝投降，据《宋史》（卷四三三，列传一九二，《杨万里传》）记载，他在给皇帝的许多"书""策""札子"中都一再痛陈国家利病，力诋投降之误，爱国之情溢于言表。他为官刚正廉洁，遇事敢言，指摘时弊，无所顾忌，因此始终不得大用。

杨万里的爱国情怀直接反映在他的诗文之中，如《初入淮河》《雪霁晓登金山》《过扬子江》《读罪己诏》《故少师张魏公挽词》《虞丞相挽词》《豫章江皋二首》《宿牧牛亭秦太师坟庵》等诗章，或反映民众离别，或鞭挞朝廷的软弱，或寄托家国之思，或呼吁抗战复国，或歌颂抗敌捐躯的将领，或讽刺卖国投敌的权奸，都深深地映射出诗人的爱国思想，成为不朽名篇。

杨万里学问渊博，才思敏捷。他的作品不拘一格，富有变化，既有"归千军、倒三峡、穿天心、透月窟"雄健富丽的鸿篇巨制，也有状物姿态、写人情意，随手拈来却能曲尽其妙的写景抒情小诗。其诗风平易自然、构思新巧、幽默风趣、清新活泼，有很强的艺术感染力。他又十分注意学习民歌的优点，大量吸取生动清新的口语谣谚入诗，具有纯朴自然的感受。如"月子弯弯照九州，几家欢乐几家愁。愁杀人来关月事，得休休去且休休"（《竹枝歌》），典型地反映出民歌的文采特征。

他也有一些诗作反映了劳动人民生活的艰辛和欢乐，表达了他对民生的关心及对劳苦人民的同情。如《悯农》《观稼》《农家叹》《秋雨叹》《悯旱》《竹枝歌》《插秧歌》《望雨》《至后入城道中杂兴》等，都具有比较高的思想性和艺术性。

江右诗派

明初，江西派的代表人物刘崧（江西泰和人）标榜唐音，实际对他影响最深的是先贤虞集、范德机、揭傒斯等。而后来的台阁体又是江右诗派的直接产物。《四库全书总目提要》称刘崧"大底以清和婉约之音，提导后进，迨杨士奇等嗣起，复变为台阁博大之体"。作为台阁体创始者的杨士奇历任四朝内阁大臣，为太平时期宰相。江西平易自然的诗风正宜于奉敕颂圣、歌咏升平之作。因此钱谦益说："江西诗派，中降而归东里，步趋台阁，其流世界冗卑而不振。"

宋词

五代南唐冯延巳以及宋初晏殊、欧阳修的词打破了从晚唐到五代前期以花间派为代表的香艳熟软、无深意寄托的词风，赋词以较深邃的思想蕴含和更诚挚的情感寄托；在艺术上引入诗歌的比兴手法，并从民歌中汲取养料，对宋词日后的繁荣昌盛起到开先河的作用，从而形成了词坛上承前启后的重要流派，这就是以"二晏一欧"为骨干的北宋江西词派。

晏殊

晏殊，字同叔，北宋临川人。自幼聪明，七岁能文，被称为"神童"。十四岁中进士，历任要职，更兼提拔后进，如范仲淹、韩琦、欧阳修等，皆出其门。五十三岁时，任枢密使加同中书门下平章事，官居宰相位。六十四岁病逝，宋仁宗亲临丧事，谥号元献，世称晏元献。他能诗、善词,文章典丽,四六、书法皆工,而以词最为突出,有"宰相词人"之称。他的词吸收了南唐"花间派"和冯延巳的典雅流丽词风,开创北宋婉约词风,被称为"北宋倚声家之初祖"。他的词语言清丽,声调和谐,写景重其精神,赋予自然物以生命,形成了自己的特色。其"无可奈何花落去,似曾相识燕归来"(《浣溪沙》)、"昨夜西风凋碧树。独上高楼,望尽天涯路"(《蝶恋花》)、"念兰堂红烛,心长焰短,向人垂泪"(《撼庭秋》)等佳句广为流传。

图 4-2 晏殊

身处太平,仕途顺利,一生富贵优游的晏殊一生写了一万多首词,但多已散失。存世《珠玉词》136首,多表现诗酒生活和悠闲情致,语言婉丽。在唐宋词发展史上,晏殊是将词从晚唐五代过渡到北宋的领袖人物。"上承南唐之风,下启苏秦先河",起了承先启后的关键作用。冯煦说:"晏同叔去五代未远,馨烈所扇,得之最先。故左宫右徵,和婉而明丽,为北宋倚声家初祖。"又说:"独文忠与元献学之既至,为之亦勤,翔双鹄于交衢,驭二龙于天路。且文忠家庐陵而元献家临川,词家遂有西江一派。"这说明晏殊既是北宋初祖,又是北宋江西词派的领袖。

晏几道

晏几道,字叔原,号小山,晏殊第七子,著名词人。历任颖昌府许田镇监、乾宁军通判、开封府判官等。性孤傲,晚年家境中落。词风哀感缠绵、清壮顿挫。一般讲到北宋词人时,称晏殊为大晏,称晏几道为小晏。《雪浪斋日记》云:"晏叔原工小词,不愧六朝宫掖体。"《鹧鸪天》中"舞低杨柳楼心月,歌尽桃花扇底风"两句受人赞赏。晏几道孤高自负，傲视权贵，即使是苏轼，他也不放眼里。据《砚北杂志》云："元佑中，叔原以长短句行，苏子瞻因鲁直（即黄庭坚）欲见之，则谢曰：'今日政事堂中半吾家旧客，亦未暇见也。'"（按：当时苏轼在京，正受帝、后赏识，迁中书舍人、翰林学士）其高傲竟至此等程度！他好藏书，能诗，尤以词著称。据《墨庄漫录》云："叔原聚书甚多，每有迁徙，其妻厌之，谓叔原有类乞儿搬椀。叔原戏作诗云：'生计惟兹椀，搬擎岂惮劳。造虽从假合，成不自埏陶。阮杓非同调，颓瓢庶共操。朝盛负余米，暮贮籍残糟。幸免播同乞，终甘泽畔逃。挑宜筇作杖，捧称葛为袍。倘受桑间饷，何堪井上螬。绰然徙自许，嗥尔未应饕。世久称原宪，人方逐子敖。愿君同此器，珍重到霜毛。'"此诗虽是戏作，而愤世嫉俗之情，高洁固穷之趣，斐然可见。其存诗只数首，"春风自是人间客，张主繁华得几时？"（《与郑介夫》），"穷通不属儿曹意，自有真人爱子虚"（《题司马长卿画像》），都是寓意颇深之作。

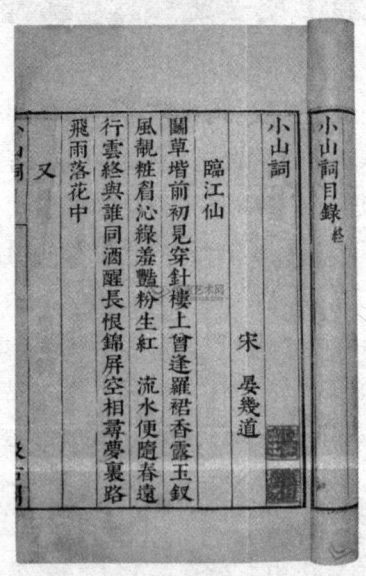

图 4-3　晏几道《小山词》

他的主要著作为《小山词》。《全宋词》收其词 260 首，其中长调 3 首，其余均为小令。他的小令词在北宋中期发展到一个高峰，用清壮顿挫的艺术性，糅合了晏殊词典雅富贵与柳永词旖旎流俗的特性，既雅又俗的歌词合乐的典型音乐形象，使词这种艺术形式登上大雅之堂，并起到了扭转雅歌尽废的历史性作用。

欧阳修

欧阳修，字永叔，号醉翁，晚号六一居士。吉州永丰（今江西省吉安市永丰县）人，北宋政治家、文学家，在政治上负有盛名。因吉州原属庐陵郡，以"庐陵欧阳修"自居。官至翰林学士、枢密副使、参知政事，谥号文忠，世称欧阳文忠公。累赠太师、楚国公。与韩愈、柳宗元、苏轼、苏洵、苏辙、王安石、曾巩合称"唐宋八大家"，并与韩愈、柳宗元、苏轼被后人合称"千古文章四大家"。

图 4-4　欧阳修

欧阳修词法五代，但新变的成分不少。作为开创风气的一代文宗，他对词作有所革新。这主要体现在两个方面：一是扩大了词的抒情功能，沿着李煜词所开辟的方向，进一步用词抒发自我的人生感受；二是改变了词的审美趣味，朝着通俗化的方向开拓，而与柳永词相互呼应。

欧阳修一生宦海浮沉，曾三遭贬谪，对人生命运的变幻和官场的艰险有较深的体验。表现这类情感的词作显示出一种新的创作方向，即词既可以写传统的类型化的相思恨别，也能够用以抒发作者自我独特的人生体验和心态。他有名的《朝中普·平山堂》（平山栏槛倚晴空）更展现出他潇洒旷达的风神个性。这种乐观旷达的人生态度和用词来表现自我情怀的创作方式对后来的苏轼有着直接的影响。

姜夔

姜夔，字尧章，号白石道人，鄱阳（今江西波阳）人。父知汉阳县，卒于任。早岁孤贫，姊嫁沔之山阳，往来沔鄂间几二十年。淳熙十三年（1186年）以诗见赏于萧德藻，妻以侄女，携之寓湖州武康。曾与杨万里、范成大、辛弃疾等人交游。依张鉴十年。宁宗庆元三年（1197年）进《大乐议》，乞正雅乐，五年上《圣宋饶歌》，诏免解与礼部试，不第，以布衣终。兼精音律、诗词、书法，有《白石道人诗集》《诗说》《绛帖平》《续书谱》等，词集名《白石道人歌曲》。词现存80多首。姜夔长于自度曲，17首词自注有谱，是今存唯一的宋代词乐文献。曾向朝廷上《大乐议》《琴瑟考古图》《圣宋铙歌鼓吹十二章》等。其所作《长亭怨慢》序自言"自制新词韵最娇，小红低唱我吹箫"，并声称"予颇喜自制曲，初率意为长短句，然后协以律，故前后阙多不同"。陈藏一的《藏一话腴》盛赞其人品："白石道人气貌若不胜衣，而笔力足以扛百斛之鼎；家无立锥，而一饭未尝无食客。图书翰墨之藏汗牛充栋。襟期洒落，如晋宋间人。"

图4-5　姜夔

第二节 文辞

江西自古就是文章盛地。诗词虽是其中大宗，但儒文化熏陶下的江右士人多以道德文章自命，在文章典籍的创制编纂上也多有贡献。

王安石

王安石，字介甫，号半山，江西临川人，"唐宋八大家"之一。

图 4-6　王安石

北宋庆历二年（1042 年），二十出头的王安石进士及第。后辗转多地，历任扬州签判、鄞县知县、舒州通判等职，政绩显著。熙宁二年（1069 年），以神宗信重，获委为参知政事，次年拜相，主持变法。因守旧派反对，熙宁七年（1074 年）罢相。一年后，宋神宗再次起用，旋又罢相，退居江宁。元祐元年（1086 年），保守派得势，新法皆废，郁然病逝于钟山，追赠太傅。绍圣元年（1094 年），获谥"文"，故世称王文公。

终王安石一生，其传世文辞甚丰，无论诗、文、词都达到了非常高的水平，为一时文坛宗主，被后世研究者美称为"唐宋八大家"之一。北宋中期开展的诗文革新运动，在他手中得到了有力推动，对扫除宋初风靡一时的浮华余风做出了贡献。同为"唐宋八大家"之一的曾巩曾评价王安石文字"文甚古、行称其文"。

为了实现自己的政治理想，王安石的文学创作与其政治活动密切相联，多强调文学为社会服务的作用，强调文章的现实功能和社会效果，主张文道合一。他的散文大致贯彻了他的文学主张，揭露时弊、反映社会矛盾，具有较浓厚的政治色彩。这种过于强调"实用"的文学主张导致其在文学活动中对艺术形式的作用往往估计不足。影响所起，其诗文往往表现出过于强调议论说理成分，瘦硬而缺少必要的形象性和韵味。晚年文风转趋含蓄深沉，意境空阔苍茫，形象淡远纯朴，营造出了一个士大夫文人特有的情致世界。

具体而言，其论说文针对时政或社会问题，观点鲜明，分析深刻，长篇则横铺而不力单，短篇则纡折而不味薄，阐述政治见解与主张，结构谨严，说理透彻，语言朴素精练，具有较强的概括性与逻辑力量，为推动变法和巩固北宋诗文革新运动的成果起了积极的作用。如史论《读孟尝君传》，全文不足百字，然而层次分明，议论周密，词气凌厉而贯注，势如破竹，具有不容置辩的逻辑力量。部分山水游记散文，简洁明快而省力，亦记游，亦说理。

有《临川集》《临川集拾遗》《临川先生歌曲》《临川先生文集》等存世。

曾巩

曾巩，字子固，世称"南丰先生"，江西南丰县人。谥号"文定"，是我国北宋著名的政治家、文学家、散文家，"唐宋八大家"之一。嘉祐二年（1057年），欧阳修主持会试，曾巩与其弟曾牟、曾布及堂弟曾阜一同登进士第。

嘉祐四年（1059年），任太平州（今安徽当涂县）司法参军，以明习律令、量刑适当而闻名。次年，由欧阳修举荐到京师当馆阁校勘、集贤校理，理校出《战国策》《说苑》《新序》《梁书》《陈书》《唐令》《李太白集》《鲍溶诗集》和《列女传》等大量古籍，对历代图书做了很多整理工作，并撰写了大量序文。

熙宁二年（1069年），任《宋英宗实录》检讨，不久被外放越州（今浙江绍兴）通判。熙宁五年后，历任齐州、襄州、洪州、福州、明州、亳州等地方知州，在任上廉洁奉公、勤于政事、关心民生疾苦。他参与了王安石变法改革，在地方进行了诸如整顿吏治、削减公文、平反冤狱、打击豪强、救灾防疫、疏河架桥、兴办学校、废除苛捐杂税的诸多措施，深受群众拥戴。

元丰三年（1080年），改任沧州（今河北）知州，途经京城开封时，被宋神宗召见。宋神宗对其"节约为理财之要"的建议大为赞赏，留任为三班院勾判。次年，任史官修撰，管勾编修院，判太常寺兼礼仪事，一年后拜中书舍人。同年九月，因母丧去官守孝。咸丰六年（1083年）病逝于江宁府（今南京），后葬于家乡南丰县崇觉寺右。

曾巩散文成就很高，是北宋诗文革新运动的积极参与者，宋代新古文运动的重要骨干。作为欧阳修的积极追随者和支持者，他几乎全部接受了欧阳修在古文创作上的主张。他在古文理论方面主张先道后文，文道结合，主张"文以明道"。其文风则源于六经，又集司马迁、韩愈两家之长，古雅本正，章法严谨，长于说理，受到王安石、苏轼、苏辙等时人的高度评价，对后世创作影响也极大，明清两代著名作家都将其作品为典范。《宋史》（卷三一九，列传七八，《曾巩传》）评论其文"立言于欧阳修、王安石间，纡徐而不烦，简奥而不晦，卓然自成一家，可谓难矣"。

刘恕

刘恕，字道原，筠州（今高安）人。我国古代著名的史学家，《资治通鉴》副主编之一。皇祐元年（1049年）举进士，曾任翁源知县。治平三年（1066年），司马光推荐刘恕参与编修《资治通鉴》，主要负责编撰魏晋南北朝部分。司马光感于刘恕对此书的贡献，请求朝廷封刘恕一子为官，撰有《乞官刘恕一子札子》，其中对刘恕给予了高度评价："故秘书臣刘恕同修《资治通鉴》，功力最多。……臣往岁初受敕编《资治通鉴》，首先奏举恕同修。恕博闻强记，尤精史学，举世少及……其讨论编次，多出于恕。至于十国五代之际，群雄竞逐，九土分裂，传记讹误，简编缺落，岁月交互，事迹差舛，非恕精博，他人莫能整治，……以为功力最多。"刘恕之子刘羲仲在其所著的《资治通鉴问疑》的"跋"中说："《通鉴》之为书，君实（司马光之字）寓局秘阁，先人实预讨论。君实与先人皆以史自负，同心协力，共成此书。曰：'光之得道原，犹瞽师之得相者也。'范纯夫、刘贡甫、司马公休（司马光之子）亦推先人功力最多。"

马端临

马端临,字贵与,一字贵舆,号竹洲,饶州乐平(今乐平市)人。宋元之际著名的历史学家。其父马廷鸾为南宋右丞相兼枢密使,曾任南宋国史院编修官与实录院检讨官,以忤贾似道去官归里。马端临侍父家居,博览群书。咸淳年间,漕试第一,以荫补承事郎。宋亡后隐居不仕,历20余年专心著述《文献通考》。

《文献通考》是一部记叙中国历代典章制度的专著,所载内容自上古至南宋宁宗嘉定年间(1208—1224年),全书将原始材料按门类排列,然后依时代顺序一条一条地记载,共分24门类。马端临继承和发展了前人的"会通"思想,对古代典章制度的演变历程进行了较为完整的记述和研究,并认识到社会经济对国家统治和社会发展起着非常重要的作用,对古代经济探讨的篇幅占到全书的三分之一。

汤显祖

汤显祖,字义仍,号海若,又号若士,晚号茧翁,自署清远道人,别号玉茗堂主人,江西临川人。我国明代杰出的戏剧家、文学家,在中国和世界文学史上有着重要的地位,被誉为"东方的莎士比亚"。

图 4-7　汤显祖

汤显祖出生于一个书香世家，在二十八岁（1577年）时始作《紫箫记》，因被时人议为影射"秉国首揆"而辍笔。但他志向未泯，十年后（1587年）又改为《紫钗记》，第二年弃官返乡后又创作了著名的《还魂记》（即《牡丹亭》），十二年后（1600年）创作了《南柯记》，次年又作了《邯郸记》，至此完成了后被称为"临川四梦"的四大传奇剧作。

汤显祖在戏曲批评和表导演理论上，也有重要建树。他通过大量书札和对董解元的《西厢记》、王玉峰的《焚香记》等剧作的眉批和总评，发表了对戏剧创作的新见解。他认为内容比形式更重要，不能单纯强调曲牌格律而削足适履，和以沈璟为首的偏重形式格律的吴江派作家进行了顽强的论争。尤其是作于1602年前后的《宜黄县戏神清源师庙记》一文，不仅记述了弋阴腔的演唱情况，为中国戏曲史留下了珍贵资料，而且对表导演艺术发表了精辟见解，强调演员要体验生活，体验角色，领会曲意，在生活上和艺术上严以律己，以人物的感情去感染观众。

此外，他勤于艺术实践，同临川一带上千名演唱海盐腔的宜黄班艺人保持着广泛的联系，实际上成了地方戏曲运动的领袖。他还亲自为演员解释曲意，指导排练，推动了戏剧表演的广泛发展和传播。

第三节　书画

江西的文人绘画和书法艺术均起步较晚。唐末五代到宋初，是我国古代文人山水画和花鸟写意画得以确立的关键时期，也是江西绘画艺术人才涌现、成就极高的时期。

南唐时期的江西画家有全国四大山水画家之二的董源和巨然，也有全国两大花鸟画家之一的徐熙。自宋元以下，江西画家很多，广有影响者众。杨无咎、方从义、郭诩、罗牧、闵贞、朱耷都是具有较大影响的成就者。

相对于绘画艺术的辉煌成就，江西古代的书法艺术略有逊色，虽然历来名家不少，但影响深远者不过黄庭坚而已。江西书家早有晚唐钟绍京，宋时黄庭坚成就最高，元代的著名书法家有范梈、揭傒斯、周伯琦、熊自得等人，明代则有解缙、王英、刘麟和余绍祉等，清代书法家以帅念祖、甘扬生、查振旗、吴庭芝等人影响较大。

董源

图 4-8　潇湘图（局部）

　　董源，中国五代南唐画家。一作董元，字叔达，江西钟陵（今江西南昌）人，自称"江南人"。生卒年不详，主要活动在南唐中主（934—960年）时期。事南唐主李璟时任北苑副使，故又称"董北苑"。南唐亡后入宋，被看作是南派山水画的开山大师。画史上把董源、范宽、李成称为北宋初年的三大家。董源不仅以画山水见长，也能画牛、虎、龙及人物。作为山水画家，董源也是不专一体的。宋人称许其大设色山水，认为其作品景物富丽，宛有李思训风格。但其最有独创性而且成就最高的是水墨山水。他运用披麻皴和点苔法来表现江南一带的自然面貌，神妙地传写出峰峦晦明、洲渚掩映、林麓烟霏的江南景色。他用笔甚草草，近视几不类物象，远观则景物粲然，在技巧上富有创造性。他的名作《夏景山口待渡图》和《潇湘图》，将夏天江南的丘陵，江湖间草木畅茂、云气滃郁的特定景色表现得淋漓尽致。其笔墨技法是与他所表现的特定景色充分适应的。宋代沈括称他"多写江南真山，不为奇峭之笔"。其所画山形，多是长江中下游一带的丘陵，大都为坡陀起伏、土山戴石，很少作陡峭崭绝之状。这与较早于他的荆浩表现的气势雄伟的北方山形正好形成鲜明的对比。董源很重视对山水画中点景人物的刻画，每每带有风俗画的情节性，有时实为全画的题旨所系。虽形体细小，简而实精，人物皆设青、红、白等重色，与水墨皴点相衬托，别饶一种秾古之趣。其传世作品还有《龙宿郊民图》等。

巨然

巨然，中国五代南唐、北宋画家，僧人。原姓名不详，生卒年不详，钟陵（今江西进贤县）人，一说江宁（今江苏南京）人。早年在江宁开元寺出家，南唐降宋后，随后主李煜来到开封，居开宝寺。擅山水，师法董源，专画江南山水。所画峰峦，山顶多作矾头，林麓间多卵石，并掩映以疏筱蔓草，置之细径危桥茅屋，得野逸清静之趣，深受文人喜爱。以长披麻皴画山石，笔墨秀润，为董源画风之嫡传，与董源并称董巨，对元明清以至近代的山水画发展有极大影响。有《万壑松风图》《秋山问道图》《山居图》等传世。北宋开宝八年（975年），宋太祖赵匡胤灭南唐，后主李煜被掳往汴京（今河南开封）。南唐翰林图画院自然解体，不少画院画家被胁迫到汴京，在宋朝的翰林图画院里供职，如徐熙之孙徐崇嗣、董羽等。巨然在这种情形下从建业来到京师，居开宝寺为僧。他画名鹊起，曾为度支蔡员外作《故事》《山水》二轴，画中"古峰峭拔，宛立风骨；又于林麓间多用卵石，如松柏草竹，交相掩映，旁分小径，远至幽墅，于野逸之景甚备"（刘道醇《圣朝名画评》）。又在宋朝的最高文化机构学士院北壁上绘制壁画，被当时的文人传为美谈，并赋诗颂之。北宋时，巨然为谋求在北方的艺术地位，不得不效法李成之作，如仿李成的寒林山水，在构图和笔法上都略异于董源，但意趣仍是江南画。巨然的画艺远不及董源广博，专以山水为长。巨然山水的构成，虽出自董源，但自成一格。以现存传为巨然的山水画为证，他喜作竖式构图，可能是宋初北方山水画多立轴的缘故。他的山水，于峰峦岭窦之外，下至林麓之间，犹作卵石、松柏、疏筱、蔓草等。画中幽溪细路，屈曲萦带，竹篱茅舍，断桥危栈，爽气清人。这些表现内容与董源之作大体相近。不同点在于，巨然不仅糅入了一些北方山水画的构图，而且与董源相比，其笔墨趋于粗放，多不作云雾迷蒙之景，但画中散发出浓重的湿润之气却不亚于董源。巨然擅长用粗重的大墨点点苔，鲜明、疏朗，长披麻皴粗而密，笔法老辣、率意。

徐熙

南唐画家，钟陵（今江西南昌进贤）人，一说金陵（今江苏省南京市）人。生卒年不详，但可知其卒于宋灭南唐之前。他出身江南名族，一生以高雅自任而不肯出仕。善画花竹、禽鱼、蔬果、草虫。他经常漫步游览于田野园圃，所见景物多为汀花野竹、水鸟渊鱼、园蔬药苗。每遇景物，必细心观察，故传写物态，皆富有生动的意趣。

在画法上他一反唐以来流行的晕淡赋色，另创一种落墨的表现方法，即先以墨写花卉的枝叶蕊萼，然后傅色。他在《翠微堂记》中自谓"落笔之际，未尝以傅色晕淡细碎为功"。当时徐铉记徐熙画是"落墨为格，杂彩副之，迹与色不相隐映也"（《图画见闻志》）。宋代沈括形容徐熙画"以墨笔为之，殊草草，略施丹粉而已，神气迥出，别有生动之意"（《梦溪笔谈》）。宋代《德隅斋画品》中著录徐熙《鹤竹图》，谓其画竹"根干节叶皆用浓墨粗笔，其间栉比，略以青绿点拂，而其梢萧然有拂云之气"。米芾又谓他画花果有时用澄心堂纸，用绢则"其纹稍粗如布"。

这种题材和画法都表现了徐熙作为江南处士的情怀和审美趣味，与妙在赋彩、细笔轻色的"黄家富贵"（黄筌与黄居父子）不同，而形成另一种独特风格，被宋人称为"徐熙野逸"。

然而，《图画见闻志》中记徐熙为南唐宫廷所绘的"铺殿花""装堂花"，于"双缣幅素上画丛艳叠石，傍出药苗，杂以禽鸟蜂蝉之妙""意在位置端庄，骈罗整肃，多不存生意自然之态"。这种富有装饰性的绘画，也构成了徐熙绘画的另一风貌。

朱耷

朱耷，号八大山人，又号雪个、个山、人屋、驴屋等。汉族，南昌人。明末清初画家，明亡后，他抱着对清王朝不满的态度，在奉新县耕香庵落发为僧，时年23岁。后隐居进贤县介冈及永丰县睦冈等地。顺治末年，他36岁时归南昌，回到青云谱（青云圃）道院，花了六七年时间，才使这座道院初具规模,并在这里过着"一衲无余"与"吾侣徙耕田凿井"的劳动生活。

图 4-9　朱耷

康熙十七年他 53 岁时,临川县令胡亦堂闻其名,便延请他随其僧长饶宇朴等到临川官舍做客年余。这使他十分苦恼郁愤,遂佯为疯癫,撕裂僧服,独自走回南昌。一年多后,他又回到青云谱。当他 62 岁时,不再做住持,便把道院交给他的道徒涂若愚主持。后又隐避在南昌附近的北兰寺、开元观等处,并常卖画度日。后来自筑陋室,名"寤歌草堂",孤寂贫寒地度过了晚年。

朱耷绘画以大笔水墨写意著称,并善于泼墨,尤以花鸟画称美于世。前者主要通过象征寓意的手法,并对所画的花鸟、鱼虫进行夸张,以其奇特的形象和简练的造型,使画中形象突出、主题鲜明,以此来表现自己孤傲不群、愤世嫉俗的性格,从而创造了一种前所未有的花鸟造型。他的山水画初师董其昌,后又上窥黄公望、倪瓒,多作水墨山水,笔墨质朴雄健,意境荒凉寂寥。亦长于书法,擅行、草书,宗法王羲之、王献之、颜真卿、董其昌等,以秃笔作书,风格流畅秀健。在创作上取法自然,笔墨简练,大气磅礴,独具新意,创造了高旷纵横的风格。

钟绍京

钟绍京，字可大，唐代兴国清德乡人，生于公元659年，殁于公元746年，系三国魏国太傅、著名书法家钟繇的第17代世孙。唐睿宗时官居"中书令"，在全国性政权中，是第一个以江南出身而出任宰相官职者。从政之前，钟绍京就是一位有名气的书法家。他的卓越才华源自少时勤奋好学，刻苦磨炼。至今在长冈上社村东禽夜读岩这一风景名胜还流传着他饱览诗书、勤奋习字的许多逸闻趣话。他曾与世祖钟繇在书法一绝上"并驾齐名"，被世人称为"书家双绝"。史书称钟繇为"大钟"，绍京为"小钟"，由此可见，绍京的书法达到了炉火纯青、登峰造极的地步。钟绍京继承了家学渊源，有著名的《灵飞经小楷字帖》《唐人小楷字帖》，虽然真迹极少，但董其昌认为赵孟頫的楷书就是学习钟绍京小楷的，因此可以从赵孟頫的楷书中看到钟绍京的楷书风范。史称其真书字画妍媚，遒劲有法。

黄庭坚

黄庭坚，字鲁直，号山谷道人，晚号涪翁、黔安居士、八桂老人。北宋诗人，书法家，水县人。他的行书字形修长挺拔，紧收中宫，紧凑而不松散；笔画的长度也很夸张，如长枪大戟，且不平直，一波三折，韵味绵长。其草书《廉颇蔺相如传》等都相当优秀。历代大家如傅山、八大都学过黄庭坚的字，但他们最后形成的风格都与他相去甚远。

图 4-10 黄庭坚

范梈

范梈，字亨父，一字德机。清江县（江西樟树市）人，自幼家境贫寒，父亲早逝，母亲熊氏亲自教他念书。成人后因身体瘦弱，干不了重活，靠卖卜为食。大德十一年（1307年），由清江万里跋涉至京师，被中丞董士选请到家塾教学。后由朝臣推荐，成为翰林院编修。后任海南海北道廉访司照磨、翰林应奉、福建闽海道知事等。一面为官，一边作文，遗《范德机诗》和《木天禁语》，论诗讲究篇法、句法、字法、气象、家数、音节六关，时人虞集称范梈诗"如唐临晋帖"，又称范为文白先生，是当时文坛领袖，被誉为元代四大家之一。

第四节 茶

对于茶，国人印象甚深，一句"茶者，南方之嘉木也"清晰地标识了这种发源于中国、具有悠久历史的植物饮品。在漫长的中国历史发展演变过程中，茶以一种独特的角度切入了中国人的生活。《神农本草经》记载先贤神农曾经"尝百草，日遇七十二毒，得茶而解之"；而开门七件事更将茶和中国人生活必不可少的柴米油盐酱醋相并举，也形象地诠释了茶叶在中国人日常生态中的重要地位。于是，融入国人生活日用的茶叶在时光长河的冲刷之下，日益从一种重要的生活物资演变成为一种兼具生活必需品和精神文化消费品的重要资粮。应运而生的茶食、茶具乃至茶诗、茶俗、茶文化也渐渐在茶叶的清香中融合成中国传统文化重要且不可分割的一部分。

江西地处南方，早期主要是对传统中原茶文化的汲取和传承，虽在汉晋之际即有所发扬，但中唐陆羽《茶经》对江西茶事的记载仍是泛泛，于茶具一项更只简单批评为"碗……洪州次，……洪州瓷褐，茶色黑，悉不宜茶"。江西茶事直到两宋之际方能称为兴盛。因为随着两宋经济重心的南移，江西农业及农业经济得到了很大的发展，茶的大规模种植、销售乃至广泛的饮用、品评事业方有基本的可能；再加上杯盏云腴之间的茶事与佛门禅定、道人清修及儒士向学之间的暗合，遂使佛道儒兼盛的江西文化在茶文化这个舞台上绽放出绚烂甚至耀眼的华彩。

一、江西茶文化概貌

1. 江西茶的种植历史

茶是中国原产的树种，学者考证多以为其初源应出自西南地区；但茶树的种植范围在中国仍有一个逐渐扩大的过程。文献记载的中国境内最早的茶叶使用区域应在巴蜀地区，《茶经》曾记载"巴山、峡川有两人合抱树"，研究者推测两人合抱之茶树应有千年树龄，以陆羽所处之中唐逆推千年，约为春秋战国之际，则显然巴蜀为茶树种植向中原扩大的一个重要途径。

江西茶树种植承中原饮茶风气之余绪。以茶为饮的风俗在中国起源甚早，陆羽甚至认为"茶之为饮，发乎神农氏"。但基于学术的考证多以为起自巴蜀，西汉蜀人司马相如和扬雄都对其地饮茶风俗有所记载，王褒的《僮约》更要求其仆人不但能做到"烹茶尽具"，同时还必须能够赴"武阳买茶"（史家考证，武阳在今四川彭山，晋时《华阳国志·蜀志》曾记载当时的"南安、武阳皆出名茶"）。其后饮茶风俗逐渐扩散，先是通过土产进贡的渠道进入了长安并扩散到关中及河南地区；继而通过贸易水道沿长江进入了江南流域，成为江南地区的一种名贵饮品。《三国志》就记载吴末帝孙皓好酒，"每日餐宴，无不竟日，坐席无能否，率以七升为限"；独因爱重韦曜，"密赐茶荈以当酒"，也就是许其以茶代酒。可见当时江南地区已有较为广泛的茶饮风气。

影响所及，江西亦出现关于茶树种植的记载。《庐山志》就记载了汉晋之时，传入江南的佛教在庐山觅地结庐，以为清修之所，因茶被认为有利于禅定，这些僧侣遂于山野间植茗种茶为饮，到慧远结庐于此时，山中茶树的存在已有明确记载。

入唐之后，茶作为重要的饮料被广泛使用。甚至有官方为了祛除应举士人的科场困倦而煮茶汤供士子饮用的举措。因唐时习气素重科举，茶叶甚至被美称为"麒麟草"。渲染之下，饮茶风俗由士林而广及社会各阶层。《封氏见闻记》对当时禅门佛弟子嗜茶之风就曾有记述："学禅务于不寐，又不夕食，皆许饮茶，人自怀挟，到处煎煮，以此转相仿效，遂成风俗。"其时，江西地区的茶树种植事业也逐渐扩大。虽然前述陆羽在其传世名著《茶经》中对于江西的茶及相关的事项的记述仍相对简略，对于江西产茶之地也只是泛泛提及"江西……袁州、吉州"。但白居易的《琵琶行》中已经提示了江西浮梁的茶叶交易规模之盛。

入宋以后，茶业在政府的推动下得到了很大的发展，也有力地促进了茶文化的兴旺。据史籍记载，宋太祖赵匡胤本人就是一名对茶有独特欣赏的皇帝。他不但自己好茶，设立了专门的机关主掌宫中茶事，并有意识地对宫廷用茶进行分等设限，使得赐茶甚至成了皇帝们笼络大臣、眷怀亲族的重要手段；而且，在一些特殊的时间节点，来自宫中的赐茶甚至成为皇帝笼络外邦使节的重要标志。古语云"上有所好，下必甚焉"，宋人对茶的爱好也绝不弱于大宋官家。关于文人雅士间流传的专业品茶社团的记载已是史不绝书，其中既有官员组成的"汤社"，也有佛教徒组成的"千人社"。至而普通宋人也为茶文化的发展注入了更多的生机，他们迁徙时有邻里"献茶"，呼朋引伴时要敬"元宝茶"，婚俗中也有了订婚下聘的"下茶"、结婚娶亲的"定茶"、同房时的"合茶"。

风气所及，江西的茶树种植事业在宋时也取得了极大的进步，乐史的《太平寰宇记》记载的江西茶产地已经遍及四境：筠州土产紫源茶；饶州浮梁县，土产茶；虔州，土产茶，香味第一，最难得；袁州，土产茶；吉州，土产茶；抚州，土产茶；江州，土产茶。

自宋末垂至民国，江西种茶成风，不但庐山及其周围的赣东北、赣西北早已成为茶树种植的重要地区，余者如赣东的婺源、赣南的遂川亦成为重要的产茶区，其余不甚扬名的茶叶产出更是遍布省内，亦使得茶叶在民国初年成为江西最为重要的出口物资之一。

2. 江西的茶叶与茶业

通俗来讲，茶叶以其加工形式的不同，可以被分为不发酵茶如绿茶，半发酵茶如乌龙，以及全发酵茶如红茶；进一步细分，种类更多，比如绿茶进一步发酵的黑茶如普洱，介于红茶、绿茶之间的青茶如乌龙，再如以绿茶闷黄制造的黄茶如君山银针，以未张开新芽加工获得的白茶如白牡丹茶等。江西作为重要的茶叶出产区，拥有非常多的名优茶种，省境之内东西南北都有好茶叶的出产：赣北有绿茶庐山云雾，赣西北有俗称宁红的宁州红茶，赣东北有浮梁红茶，赣东绿茶有玉绿、红茶有河红，婺源还有著名的婺源绿茶，赣南也有以"狗牯脑茶"为世人所知的遂川茶。

与大量存在的为世人所重视的名优茶品相适应的，则是江西的茶叶产业自古以来的兴盛。自唐人记述浮梁茶叶交易盛况开始，江西境内就一直有以茶为业，以经营茶叶为生的传统，并在此后的岁月中逐渐演变成为我国重要产茶区域之一。民国四年北洋农商部的调查显示全省"产茶数量二十余万担，产茶面积百余万亩""全省产茶区域达五十余县"，而发表于民国二十一年的《江西茶业调查报告》更认为此数字远小于清晚期的同光之际，则当时江西茶业之盛可以想见。

3. 江西的茶与瓷

江西茶业的兴盛当然离不开江西固有的、良好的适宜茶树种植与生长的一方水土，但这一方水土对于江西茶业的贡献还不止于茶叶，与茶事有关的江西陶瓷业事实上也助推了江西茶业的兴盛。

在中国茶文化中，茶一直是一种重要的饮品，但又从来都不只是一种饮品。早在魏晋就有"以茶养廉"的提法；随着茶饮的进一步推广，文人饮茶更多地强调茶中乐趣、茶中意蕴，斗茶、敬茶都自成体统，并发展出一系列的仪式、套路，"茶道"更是将茶的神韵演化到意会于心的地步。而不管是品茶、斗茶还是展示"茶道"以体会天人交感的神韵，用以煮水分茶的器具多离不开江西特产的瓷器。虽然陆羽在《茶经》中对洪州窑的瓷器有所贬抑，但随着宋代景德镇瓷业的蓬勃，浮梁、婺源的茶与景德镇的瓷质茶具间的互动已经自然地暗含了一种良性的循环。

江西瓷业的大规模发展约始于唐时洪州窑。但在此后的漫长岁月中，因国人品评茶事以团茶为贵、吞吐茶汤以煎茶为尚，故江西所产青白瓷多不得爱茶人士青眼。到明太祖朱元璋废团茶改贡"芽茶"之后，人们不再将茶先压成饼、再碾成末,而是直接在壶或盏中沏泡条形散茶。饮茶方式的重大变革使人们对茶的利用变得简单而方便了。把盏玩壶品茶间,各类精美陶瓷茶具遂应需而生,也使茶具生产发展成为一门艺术。

《长物志》曾记载"明宣宗(朱瞻基)喜用'尖足茶盏……洁白如玉,可试茶色,盏中第一'"。影响所及,瓷都景德镇所产如冰似玉的白瓷茶具就成了时人赏茶、品茶,展示茶事之美的绝佳物件,也使得江西的瓷业愈益向精美的方向发展,受到越来越多人的喜爱。到洪宣之后,景德镇生产的陶瓷茶具(壶、碗)遂因其体胎轻薄、造型精巧且质地坚致细密而驰名中外,清人甚至盛称其"只恐风吹去,还愁日炙销"。

二、江西茶文化的形成与发展

江西茶文化伴随着江西的茶叶种植事业兴衰而持续演变,也与江西人饮茶方式的变化有密切的关系。在茶饮之余,文人墨客对于茶的歌颂、对茶中意蕴的追问都在不同程度上影响了江西茶文化的发展脉络。

1. 江西饮茶的历史

早期茶饮往往以多种香料及珍贵食材为佐料,捣末冲服。故饮茶风习直到三国魏晋时代都还是仅限于上层社会的奢侈消费,民间较少有机会得以享用,作为经济文化不甚发达的江西地区,饮茶风俗其时尚不可考。

其后,随着晋室东迁、中原士人涌入江南并促成江南区域经济的逐步开发,茶叶的消费群体遂亦逐渐扩大并向下层士庶延伸,《茶经》曾记载当时的僧人"释法瑶……永嘉中过江遇沈台真,台真在武康小山寺,年垂悬车,饭所饮茶"。但对于当时的江西人是否已经普遍形成饮茶习惯,则并不甚详。不过陆羽的《茶经》记载南朝刘宋茶事时,曾有"豫章王子尚诣昙济道人于八公山,道人设茶茗。子尚味之曰:此甘露也,何言茶茗"一事的记载,此或可从侧面说明在当时的豫章地区,即使是上层人士对于茶饮的认知也比较缺乏,似乎也证明茶饮习俗在当时还未能充分影响江西。

唐时,饮茶风俗渐趋兴盛,《唐会要·杂税》一节甚至提到当时已经是"茶为食物,无异米盐"。入宋以后,宋人承唐人茶饮之风,更行广大。宋人梅尧臣的《南有嘉茗赋》盛称当时的饮茶人群之广泛,"华夷蛮貊固日饮而无厌,富贵贫贱不时啜而不宁"。南宋末年吴自牧的《梦梁录》甚至记载当时的临安有"夜市于大街,有车担设浮铺,点茶汤以便游观之人",可见茶饮已经成为宋人社会非常普遍的饮品。当时的宫廷、寺庙及士林间甚至流行一种茶宴。这种茶宴气氛庄重典雅,所用必是高级茶叶甚至是皇室所赐贡茶,水必须取自名泉,茶具也必用名贵茶具;而且,茶宴期间的礼节甚为严格,不但须专设主持人来亲自调茶或亲自指挥、监督调茶,以示对客人的敬意,席间献茶、接茶、闻香、观色、品味也是环环相扣;重要的是,茶过三巡之后,与会士人不但需要品评所饮茶水、藉词称颂主人道德,还往往要赏景叙情,行文作诗以为盛事纪念。

相形之下,入宋以来经济政治地位渐形隆盛的江西地区,其于饮茶习俗当亦不弱于中原。《山堂肆考》曾记载宋时江西散茶的盛名,称"东坡注草茶盛于两浙,日注第一;自景祐以来,洪州双井白芽制作尤精,远出日注之上,遂为草茶第一"。

入明以后,寓居洪城的宁王朱权托身道流的同时,也醉心于茶,其所作《茶谱》开一代风气之时也深刻见证了世人饮茶的习气转变。

2. 江西的茶书

中国是茶的故乡,对于茶的记述自唐以后就屡有专著。开其鸿篇的当然是陆羽的《茶经》,五代毛文锡有《茶谱》继其后;入宋以后,以《北苑茶录》首倡的北苑茶典开宋人论茶之风,篇帙浩繁;元、明时期,论茶之风由衰而盛,明人茶书更有五十余部之多;有清二百六十余年间,亦有茶书十余部。

在这些品茶、论茶的专著中,江西士人也有不小的贡献,其中开其端者则是宋人王端礼的《茶谱》,惜其书不传;老死南昌的明藩王朱权则是江西论茶的一个高峰,其《茶谱》堪称开一代之风气。

王端礼《茶谱》

王端礼,字懋甫,吉水人。元祐戊辰(1088年)进士,官至富川令,年四十致仕归乡,以著述为长,有《强仕集》《易解》《论语解》《疑狱集》《茶谱》《字谱》等书行世,但其所著之《茶谱》已经散佚无闻,《吉水县志》有记。

朱权《茶谱》

明宁王朱权在隐退江西南昌的数十年间,首倡品饮从简行事,开清饮风气之先,摆脱了延续千余年之久的烦琐程序。他所撰写的《茶谱》一书,对改进茶品、茶器、茶具及有关物品和掌握各种冲泡品茗的技巧都一一进行了具体明确的介绍。明代的饮茶方式透露出率性自然的风格,朱权可谓开此种风气之先河。虽然他大致沿袭了宋代点茶诸法,但从根本上反对"以膏为饼""杂以诸香,饰以金彩"的团茶,而改用散茶碾末冲点。朱权在南昌郊外的山野林下支起茶灶,选用前辈茶人不曾垂青的"饶瓷"点茶,清白且可爱,就连茶磨、茶碾都选用石质,无宋人的绚烂而烦琐的风习。

公元1440年前后诞生的《茶谱》共2 000字,除绪论外,下分品茶、收茶、点茶、薰香茶法、茶炉、茶灶、茶磨、茶碾、茶罗、茶架、茶匙、茶筅、茶瓯、茶瓶、煎汤法、品水等16则。朱权在书中反对蒸青团茶杂以诸香,独倡蒸青叶茶烹饮法,就是源自其自身心得体会的独到见解。

熊明遇《罗岕茶记》

江西进贤人熊明遇是明万历二十九年(1601年)的进士,明亡后沦为遗民。其文集在清遭禁,故流传不广。他的《罗岕茶记》约成书于万历三十六年,虽然在一些志书中有关于此书的记录,但很长一段时间里都鲜有人知。明代,在名噪一时的岕茶中,以江西和四川所产的罗岕茶为上品。熊明遇所著的《罗岕茶记》在种茶、茶艺、制作方面都进行了系统化的记载和阐述。该书全文仅约500字,分为7节。此外,还专述了岕茶茶品的鉴别以及藏茶、烹茶之法。

喻政《茶书全集》

《茶书全集》是明万历后期非常具有代表性的茶书之一,其作者喻政是江西南昌人，也是当时的茶文化专家。喻政辑古人及当时人所写有关茶的诗文编成《茶集》，又取古人谈茶之作 26 种合为《茶书全集》。《茶书全集》是一部集大成之作，是对茶文化理论的一次系统性梳理，对后世研究茶文化有着重要的参考价值。该书保存了不少茶书，流传至今，弥足珍贵。

三、江西茶地理分布与文化基因

江西四境宜茶，绿茶有庐山的庐山云雾，遂川的狗牯脑茶，婺源的茗眉、大鄣山云雾茶、珊厚香茶、灵岩剑峰、梨园茶、天舍奇峰，井冈山的井冈翠绿，上饶的仙台大白、白眉，南城的麻姑茶，修水的双井绿、眉峰云雾、凤凰舌茶，临川的竹叶青，宁都的小布岩茶、翠微金精茶、太沽白毫，安远的和雾茶，兴国的均福云雾茶，南昌的梁渡银针、白虎银毫、前岭银毫，吉安的龙舞茶，上犹的梅岭毛尖，永新的崖雾茶，铅山的苦甘香茗，遂川的羽绒茶、圣绿，定南的天花茶，丰城的罗峰茶、周打铁茶，高安的瑞州黄檗茶，永修的攒林茶，金溪的云林茶，安远的九龙茶，宜丰的黄檗茶，泰和的蜀口茶，南康的窝坑茶，石城的通天岩茶，吉水的黄狮茶，玉山的三清云雾等。红茶有修水的宁红、铅山的河红和浮梁的浮红。

这些红茶、绿茶虽是江西茶叶的主要品种，但其间因地而生、因茶而异的茶文化与饮茶风俗却南北有别、东西不同。而拨去浮云，细查其历史脉络，又能在百态生动的江西日常茶俗中发现很多与宋人茶文化与茶俗款曲暗通之处，并寻得宋文化在江西民间的一二遗存。

江西的特色茶

赣北：庐山云雾

庐山居于赣北，为赣地云海雾乡，其最高峰海拔 1 500 百余米，山峰多断崖陡壁，峡谷深幽，整座山年平均 193 天都沉浸在那朦胧缥渺的云雾中，庐山云雾茶因此得名。

庐山云雾茶古称"闻林茶",从明朝起始称"云雾",已有300多年历史。《庐山新志》载:"云雾茶,山僧难以日给,取诸岩壁间,撮土种茶一、二区,然山峻高极卑弱,历冬四周茅苫之,届端阳采焙成,呼云雾茶。"庐山云雾茶最早起自汉晋僧人之手,唐人李咸用《谢僧寄茶》对于庐山僧人加工茶叶有非常着意的刻画:"空门少年初志坚,摘芳为药除睡眠。匡山茗树朝阳偏,暖萌如爪拏飞鸢。枝枝膏露凝滴圆,参差失向兜罗绵。倾筐短甑蒸新鲜,白纻眼细匀于研。砖排古砌春苔干,殷勤寄我清明前。金槽无声飞碧烟,赤兽呵冰急铁喧。林风夕和真珠泉,半匙青粉搅潺湲。绿云轻绾湘娥鬟,尝来纵使重支枕,胡蝶寂寥空掩关。"白居易也曾经赞赏庐山茶"匡庐云雾窟,云蒸翠茶复。春来幽香似,岩泉蕊独浓"。入宋以后,庐山云雾盛名不衰,周必大记录当地民众不辞辛劳、跋涉前往的采茶活动,"南访归宗寺……后溪上直紫霄峰铁塔在焉,村民以二三月一往采茶,约十里",在某种程度上佐证了当时庐山云雾的美名。因为真正的庐山云雾茶的茶树多分布于海拔500米以上的修静庵、八仙庵、马尾水、马耳峰、贝云庵等处,产量极低,不为常人所见。正是这些佛教僧人与当时知名文人对庐山云雾茶的推崇,遂使庐山云雾名扬天下。

庐山云雾历来备受青睐,被视为茶中上品。因当地独特的气候条件,庐山云雾的采摘时间较其他茶品为晚,多在谷雨后至立夏间。采摘时多择其初展之一芽一叶,长度以5厘米为限。采摘后摊放于阴凉通风处4~5小时,再经杀青、抖散、揉捻、理条、搓条、提毫、烘干、拣剔方得成品。

"雾芽吸尽香龙脂",庐山云雾的滋润,促使庐山茶的芽叶中芳香油积聚,也使叶芽保持鲜嫩,因此能制出色香味俱佳的上乘好茶。高等级的云雾茶条索秀丽、嫩绿多毫、香高味浓、经久耐泡,茶汤色泽明亮,饮后回味香绵。

赣西北:宁红

宁红,或称宁红工夫,是我国最早的工夫红茶中的珍品之一。产于江西的修水县。修水在元代属宁州,入清后改称义宁州,故该地产茶素以宁州茶名之。光绪三十年(1904年),宁红茶品中的珍品太子茶被清政府列入贡品行列，故又有贡茶之称；到宣统二年（1911年），宁红茶在南洋劝业赛会上更获得最优等文凭；1915年，又在南洋劝业赛会上获最超等文凭。

修水县位于赣西北边陲，幕阜、九宫两大山脉蜿蜒其间，地势高峻，土质肥美，排水良好。同时气候温暖，当春夏之间，云雾弥漫，春芽萌发之时，受雾露保育，再受日光的照射，进行光合作用，因而此地是最适宜的植茶区。

修水产茶，迄今千余年，所以当地漫山遍野都是茶树。但宁红所出甚晚，约至清中叶方有记载。清人叶瑞延《纯蒲随笔》称"宁红起自道光季年，江西估客收茶义宁州，因进峒，教以红茶做法"。而清代的《义宁州志》也称"道光年间，宁茶名益著，种莳殆遍乡村，制法有……红茶……各种"。随着当地所产红茶逐渐扬名，与安徽祁红相媲美，这个地区出产的茶叶遂被统称为"宁红"。宁红茶的全盛期为清光绪十八年至二十年，年输出量达三十万箱，畅销欧美，其出口额一度占到了全国总量的80%。

宁红茶以色泽乌润、紧结俊秀、金毫挺拔、汤汁红亮、味醇鲜爽、香赛玫瑰著称。茶叶在每年谷雨前采摘。采选时要选其初展之一芽一叶，以3厘米左右为限。采摘后先要经萎凋、揉捻、发酵、干燥诸工序后制成毛茶，然后再进一步施以筛分、抖切、风选、拣剔、复火、匀堆等精制工序，方得成品宁红。

成品宁红分为特级与一至七级，共8个等级。其中的特级宁红要求紧细多毫、锋苗毕露、乌黑油润、鲜嫩浓郁、鲜醇爽口、柔嫩多芽、汤色红艳。民国时期来华的美国茶叶专家、《茶叶全书》的作者威廉·乌克斯曾盛赞宁红，称"宁红外形美丽，紧结，色黑，水色鲜红引人，在拼和茶中极有价值"，又说"修水所产之红茶为名贵之拼和茶，外形灰色而有芽尖，条子紧密，汤色佳良"。

赣东北：浮红

浮红，又称浮梁工夫红茶。因其产地景德镇古称浮梁而得此名。1915年，在美国旧金山召开的太平洋地区博览会上，浮梁江村严台的"天祥茶号"所产工夫红茶曾获"巴拿马金质奖章"和奖状。

浮梁位于江西东北部，毗邻祁门。在唐代，浮梁已有产茶之盛名。白居易一句"商人重利轻别离，前月浮梁买茶去"将浮梁茶带入了世人的眼帘。杨晔的《膳夫经手录》称"饶州浮梁（茶），今关西、山东间闾村落皆吃之，累日不食犹得，不得一日无茶也。其于济人，百倍于蜀茶"。《元和郡县志》的记载则显示出浮梁茶业兴盛，"每岁出茶七百万驮"。但其时浮梁茶以"商货"名世，仅是一种以产量多、销量广而著称于世的茶叶，其于品质却并无多可标榜之处，唐人裴汶《茶述》甚至在比较南方各地"贡茶"后断言"鄱阳、浮梁"最次就是明证。

到清朝，浮梁茶叶产销进入全盛时期。光绪二年至三年间，因受至德仿制闽红成功影响，当地遂在浮梁磻村设庄监制红茶。到光绪十年（1884年）之后，当地红茶生产已经蔚为可观，声名日盛。光绪十三年（1887年），浮梁首先在西湖设茶号推广红茶，当时的浮梁红茶在国际市场上被归入"祁红"工夫茶行列，一时行销欧美各国，名列世界三大高香茶之首，成为中国红茶的代表。1938年以后，南京国民政府曾在皖、赣两省分设红茶运销委员会。为了区别省际，江西的"浮红"产区是以浮梁为中心，包括鄱阳、湖口、彭泽边际地带在内，所产红茶被定名为"浮红"。

浮红一般于谷雨前三四天采摘一芽二三叶。叶质柔嫩，色黄，历来以条形细紧、有尖锋、大部分完整、碎条少、外形均匀、整齐、乌润、美观以及净度良好而闻名。成品分为精制工夫茶、碎茶、片茶、末茶等花色。正品浮梁工夫茶外形条索紧细，显毫有锋苗，色泽乌润；香气鲜甜如蜜糖，滋味鲜醇，汤色红艳明亮。

赣东：河红婺绿

河红：包括上饶、广丰、玉山、铅山四县。位于赣东与闽浙山地，毗连仙霞山脉是其自然疆界。区内地势多倾斜，属于天然的优良产茶区域。更有信江、新安江流贯其间，河道纵横。茶叶运输早年多依赖水道，后来有浙赣铁路，更为方便。区内上饶、广丰、铅山三县茶叶大部分集中在河口制成红茶，所以称"河红"。

河红兴起于明中后期，至晚不迟于嘉靖初年。《广信府志》称"桐木山出者，叶细而味甜，然终不如武夷味清苦而隽永。今建安之茶，多取铅山之河口镇"，可见当时已有铅山有茶的记载。河红茶原产地海拔千余米，夹在黄冈山（海拔2 158米，东南大陆第一高峰）和独竖尖（海拔2 128米，东南大陆第二高峰）两座高山之间，冬暖夏凉，没有任何污染，种植茶树已有近千年历史。《铅山乡土志》称"河红繁盛之时，商家买办，每年数百万金"，威廉·乌克斯的《茶叶全书》称赞"河口镇为中国内地最重要的市镇之一"。英国植物学家罗伯特·福琼的《中国和印度茶区之旅》称此地"是一个繁荣的大市镇，茶行林立，全国各地茶商云集于此，英国商人也来此采购河红茶"。铅山所产的正山小种等高档河红茶，色泽乌润、韵香明显、绵甜爽滑，在当时的国内外享有盛誉。

婺绿：婺源位于浙、赣、皖三大茶区的中心，黄山山脉以南，是中国著名的产茶地带。不但数量上在东南各省首屈一指，而且在质量上也是佼佼者。境内山多田少，怀玉山脉蜿蜒于东，大鄣山脉巍峨于北，层峦叠嶂分布全县。土质为黑色，沙质壤土及黄色黏土，非常肥沃。气候常年温和，雨量适量，是天然的产茶区域。

婺源茶在唐朝已有提及，陆羽《茶经》有"歙州茶生婺源山谷"的记载，时人称"婺源方茶，置制精好，不杂木叶，自梁、宋、燕、并间，人皆尚之"。入宋之后，名声宜张，徽宗曾评论称"本朝之兴，岁修建溪之贡，龙团、凤饼名冠天下，婺源之品亦自此盛"。

"婺源绿茶"从十八世纪开始就已行销海内外。乾隆年间，外销到英国；咸丰年间，婺源"俞德昌""俞德和""胡德馨""金隆泰"四家茶号，共制绿茶数千箱运往香港销售，获利极丰。"俞德盛"茶号所制"新六香"绿茶还远销西欧。威廉·乌克斯的《茶叶全书》称"婺源茶不独为路庄绿茶中之上品，且为中国绿茶中品质之最优者"。何润生的《徽属茶务条陈》亦说"徽属产茶以婺源为最，每年约销洋庄三万数千引"（一引为100斤）。

赣南：遂川茶

遂川茶向以狗牯脑名之，产于遂川汤湖乡的狗牯脑山。因山形似狗头，故以之命名所产之茶。"狗牯脑茶"为世界名茶，享誉海内外，早在1915年就获美国巴拿马—太平洋国际博览会金奖，此后又先后多次荣获国际国内大奖，1930年获浙赣特产联合展览会甲等奖状。

该茶始制于明代末年，迄今已有三百多年的历史。相传，在清嘉庆元年（1796年），茶农梁传溢（一作梁木镒）夫妇，在狗牯山侧的石山梗中开辟茶园数亩，采取祖传的工艺制作的茶叶品质极佳。后来遂川茶商李玉山采用狗牯脑茶树鲜叶制成银针茶，于1915年参加巴拿马万国博览会，受到高度评价，并荣获金质奖章和特等奖状，于是遂川狗牯脑便成为饮誉世界的名茶。梁氏的后裔梁德梅，为保护狗牯脑茶的正宗牌号和信誉，进一步扩大销路，以"遂川汤湖上南乡狗牯脑石山茶，祖传精制青水发客诸君光顾认清图书为记。梁记兴"为该茶品商标，将其生产的狗牯脑茶直接销往广东、湖南。

四、江西的茶俗

江西茶俗的真正成型或不早于宋，故宋人茶饮中的许多习惯在江西传统茶文化的传承中仍能或多或少地看到，其中尤为明显的是宋人的烹茶之法和处理茶叶的方式。

宋人烹茶以"煎茶""点茶""分茶"为名。所谓"煎茶"即为煮茶。此法源出于唐人茶俗又有所不同。煎茶实际上是一种煮茶的技艺，特别讲究茶与水的搭配。丁谓《煎茶》诗曰："开缄试雨前，须汲远山泉。"就是说，茶，是"雨前茶"；水，要"远山泉"的水。煎茶更讲究火候，苏辙《和子瞻煎茶》诗："铜铛得火蚯蚓叫，匙脚旋转秋萤火。"丁谓《煎茶》诗："轻微绿如麝，猛沸却如蝉。"都是描写煎茶的火候的。所谓点茶，是指茶饼经炙烤、碾箩成末后，投入茶盏调膏，然后以沸汤点注的一种茶品冲泡方法。据吴自牧的《梦粱录》记载，在宋代，大街小巷，"自有提茶瓶沿门点茶"者。在一些地方，点茶甚至于成为一种职业，靠沿门点茶，挣钱谋生。至于分茶，在宋代，也是一种煮茶方法，但已不是一种简单的煮茶技艺了，而是上升到艺术的高度。陶谷《清异录》记分茶："使汤纹水脉成物象者，禽兽虫鱼花草之属，纤巧如画。"也就是说，分茶，是泡茶注水相融的时候，高下疾徐，挚拂拨弄，能使茶水表面形成字画之类的物象。在宋代，分茶已与当时流行的琴棋书画等艺术并行而立了。

简言之，综合宋人的"煎茶""点茶"和"分茶"，其对茶叶进行繁复前期加工与今人常见、兴起于明初的开水冲泡、但求清茶本味的方法有根本差异。但在江西南部的广大农村，以擂茶形式存在的客家茶俗却比较充分地保留了宋人煮茶的意蕴。客家擂茶以茶叶为基本，辅之以芝麻、花生等佐料，以擂钵碾碎，加水煮开再添加少量盐调味，做成茶汤，以供食用。

　　早期的茶饮多以团茶为主，饮用时需要将茶饼碾碎，再加水煮沸。碾碎时多用磨或碾，"落硙霏霏雪不如"所说的就是磨茶成粉的细节。民间则或用铁制或用石质碾子加工茶饼。作为饮茶的必要补充，传统饮茶者在碾磨茶饼的同时往往还会加入多种配料，南宋人陈元靓所编《事林广记》中记载的"蒙顶新茶"及"法煎香茶"就点出了时人的茶方。前者以五斤细嫩白茶、五两枸杞子及半斤（八两）炒过的绿豆为原料，烘干研磨为茶；后者用五百钱上春嫩茶、一斤绿豆、十两山药为原料混合加工、研磨为饮。此前沈括在《忘怀录》中也提到用五斤干茶叶、五斤蒸过的茶叶、四升炒过的绿豆、三两甘草、三两苦参，一起研磨制成的"合味足茶法"。这种捣磨茶饼配以原料为饮的茶饮模式实际上将所有的茶汤、茶叶都纳入腹中，这与今人饮茶多以茶叶冲泡茶水饮用，但并不服食茶叶有异。可是，在今天的江西萍乡、武宁等处，却仍有饮茶并服食茶叶的习惯，萍乡至今仍保留了嚼食茶叶的习惯，有人甚至会在茶水尚未饮尽之前，先行将茶叶捞出咀嚼，待茶水喝完之时，杯中也往往是一无所有；而武宁的乡土记载中也有"俗喜嚼茶叶，啜其津液，又食其渣，……虽文士不厌也"的文字。

五、江西茶文化的历史价值与地位

　　江西茶文化是基于江西独特的地理位置和兴盛的茶叶生产传统而产生的。其在产生之初有太多的中原文化的影子，而相对缺乏地域特征。但随着宋代江西地域经济文化的大发展，尤其是两宋时期江西茶业的勃发，宋代文人饮茶的风俗和文化因子被巧妙地烙印在了江西茶文化的基因之中。在此后的千年中，虽外面的世界风流云转、沧海桑田，但江西茶文化中两宋文明的记忆却被巧妙地保留了下来，融入了江西人的生活日用之中，于不经意的平凡之中辉映出中国传统文化的耀目光华。

第五章
江西的俗文化

文化原无雅俗之别,文人骚客花前月下的吟风弄月自是一番趣事,平民百姓农闲之余歌舞声扬于阡陌之间、奋力张扬自身的生民意趣也不失为一番重要的文化盛事。

第一节 宗族

"敬宗收族"一直是传统文化的一个重要概念,宗族文化也是江西俗文化的一个重要特色。这个特色的产生既有儒家文化的熏陶,也受到现实生存环境的影响。在江西地方开发的早期,生存环境较为恶劣,《史记·货殖列传》将包括江西在内的整个江南地区的先民生存状况综括为"江南卑湿、丈夫早夭"一句,继而又形容该处有"地广人稀"的状况。环境恶劣、人烟稀少的现实状况对于其间的生活者自然是一种外在的压迫,也容易驱使生活在其间的先民们倾向于抱团求存。秦汉以降,中原地区持续动荡驱使大量的北方人口向南方迁徙,借道鄱阳湖这个对中原敞开的路径,南下的北方族群源源不绝地涌入江西,"客民乘虚而入……今则全县(鄱阳县)氏族,据其牒谱之考者,多从外省外县迁徙而来"。这些衣冠南渡的中原士族多以家族为单位进行迁徙,到达迁入地之后也往往倾向于抱团聚集。风习所向,曾经被美称为"天下第一家"的江西"义门陈氏",其"义"之所在就是聚族而居、历数世而不析产分家。

一、聚族而居的"义门"

"义门"是江西地方文化史上一个非常有意思的标志。有据可考的最早的义门是江州陈氏"义门",又称"义门陈氏"。"义门陈氏"最初的居住地在今天江西省九江市德安县的车桥镇义门村,是一个最能展现江西宗族特色的家族聚居典范。

图 5-1　义门陈氏

史料记载,唐宋时期江州义门陈氏家族曾经创造了 3 900 余口、历 15 代、330 余年聚族而居、同炊共食、和谐共处不分家的世界家族史奇观,是中国古代社会中人口最多、文化最盛、合居最长、团结最紧的大家族,成为古代社会的家族典范而名动朝野。

陈氏族谱记载称"义门陈"是南朝陈宜都王陈叔明的后嗣。唐开元十二年时,陈叔明的第五世孙陈兼进士及第、初官江州,随后有岳阳王陈叔慎的五代孙陈旺、陈昌由颍川的汝南追随来到九江。后来陈兼左迁封丘县丞,陈旺于开元十九年(731 年)在浔阳县蒲塘场太平乡永清村(即今德安县车桥镇义门村)定居。到唐中和四年时,陈氏家族在九江当地已是数代聚族同居 150 余年,闻名天下。以唐僖宗御笔亲赠"义门陈氏"匾额为起点,用实际行为践行儒家敦睦观念的义门陈在此后的岁月中曾多次受到皇族表彰。唐大顺元年(890 年),昭宗曾御笔亲题"旌表义门陈氏"，由此即定名为"义门陈"；南唐升元元年（937年），李昇也赐匾一块，上书"义门"二字，标揭门间；宋淳化三年（992年），太宗先是御赐"忠孝世家"，又在至道二年（996年）旌赐"真良家"和"义居人"，并遣内侍裴愈赐御书三十三卷在义门敕建御书楼，裴愈题写了"天下第一家"匾额；到宋真宗时，先是赐赠"聚族三千口天下第一，同居五百年世上无双"联，继而又敕于旌表门外，筑高台丈许，亲题"旌表义门陈氏"六个大字；宋天圣四年（1026年），仁宗在诏封陈氏祖先的同时，将《陈氏家法》收入国史馆，且将其作为"齐家"范本赐王公大臣各一本，使知孝义之风。

但是，过于庞大、具有内聚力的抱团对于任何一个明智的统治者来说都是应该被警惕的。据义门陈氏宗谱记载，义门陈氏创立后，到宋代陈昉时期，陈家已是十三世同居，长幼七百口的大家庭了。陈家治家严整，不畜仆妾，上下和睦，长幼有序，乡里因而得以教化。"建书楼于别墅，延四方之士，肄业者多依焉。乡里率化，争讼稀少。"据说受义门风习所感，陈家养的狗都能恪守其秩序："有犬百余，亦置一槽共食，一犬不至，群犬亦皆不食。"宋太宗还御书"一犬未至百犬不食，牢内异物皆效义；一吠突起百吠齐怒，寨中同声共护门"一联。

到了宋仁宗嘉祐七年（1062年）时，义门陈氏阖族人口已经增至3 900余，同年七月，在文彦博、包拯等名臣的大力陈说劝谏之下，宋仁宗下诏令其分家。从当年的七月到第二年的三月始议定分家事宜：按宋太宗御赐的十二字——"知守宗、希公汝、才思彦、承延继"，以第十五代人为分庄主，按派分析大小291庄，依派拈阄，迁往各地。

史载："嘉祐七年，钦奉仁宗皇帝圣旨，矜恤义门太盛，思保存之，乃于七月初三日，敕江州转运使谢景初、郡牧官吕海、户曹穆恂、湖口镇巡检范彬众官，临门监户，分析至明年三月，议始定。以才继字行二百九十一人为分拈阄。自兹以降，大宗小宗星分棋布于诸府州县，而义门始割恩义，而异居焉。"

义门陈氏分迁是中国历史上唯一有记载的一次由皇帝颁旨、并委派官员到场监督的分家行为。此后，陈氏族众遍布于今江西、河南、浙江、湖北、广西、江苏、安徽、海南、四川、山东、山西、陕西、福建、湖南、广东、上海、天津等17个省、市、区。各地义门陈后裔以各自的迁入地为起点，继续繁衍生息、迁徙流转全国各地，"一家繁衍成万户，万户皆为新义门"，在民间甚至演化出了一句高度概括性的"天下陈氏出义门"。

江西的义门陈氏以"忠孝节义为本、耕读奉公传家"为准则，创造了中国宗族文化史上的千古佳话，也是江西宗族文化的一个典型的注脚。

在江西地域史上，这种聚族而居的故家大族并非个例。除了义门陈氏外，江西各地还曾先后存在过一些如"五世同堂""六世同堂""七世同居"等的大家庭，如宋代建昌府（治在今南城县）的洪文抚以"六世同居"闻名于世，宋太宗曾"飞白一轴曰义居人，以赐之"。明代永新县的吴子琼一家六世同堂，"出纳衣食"均由家长决定。"有司屡延为乡饮宾以奖异之，郡守江公静峰榜其间曰义门。"清代赣县的王宣卿一家七世同堂，以家长督饬各项家务，妯娌间雍睦和好，"雩都易学实署其门曰仁让德门"。

二、宗族的仪式

对宗族的重视，不仅见诸地方史上记载的江西"义门"，沉淀在文化记忆中的种种弘扬宗族声望、传承宗族血脉的仪式也是历代江西人对宗族重视的表现。可以说，这些与宗族有关的仪式所揭示的，正是江西文化底色上刻记的江西先民对于宗族的极端重视。

家族荣光的记忆——门匾

所谓"门匾"，又称"客家门匾"，是流行于赣南部分地区的一种建筑装饰。即在民居大门的门额上制作一块长方形匾框，选取与自家姓氏相关的成语、典故或体现房主理念的一个词语镌刻其上，有的还配上吉祥图案，融书法、绘画艺术于一体，其内容或展示客家人迁徙发展的历史，或叙述先辈的嘉德懿行，或表达房屋主人的行为处事准则，意在褒扬先辈功绩，垂训后人创业。

有学者认为"门匾"或是源自汉魏时期的门阀制度，用以彰显阀阅的物件。如此言确实，那么当年逃避战火、迤逦南迁的江西先民显然是将它作为一种展示家族荣耀的载体，通过"门匾"这种形式将传统中国文化中崇尚祖训、铭记历史、注重家教、爱惜名节的精神注入了江西文化的机体，并在此后的岁月与传承中形成了江西文化的一个重要特质。

类似的情况也发生在南丰县。石邮村的乡民们多会在屋内正墙砌筑一方神坛，祭祀"天地君亲师"，两旁配一红纸条幅，左称"某某郡昭穆祖"，右列"家庆堂德福殿"。其中额"某某郡"必须以主家之姓氏来确定，如主家姓吴则写为"延陵郡昭穆祖"，若主家姓鲁则会标注为"鲁国郡昭穆祖"，以此追述先辈之族望及来自。

这种对家声与宗族的纪念在造就一代又一代江西人的优秀品德中发挥了极其重要的作用，突出体现了江西人热爱民族、不忘祖先、牢记历史的思想文化特征。

家族存续的保障——围屋

围屋是部分江西先民为了保护自身以及宗族的安全而精心设计的堡垒。围屋的规格有大有小，大的可以形成九厅十八井的规模，建造时间从几年到十数年都有，其间更有几十甚至几百个供住客起居的场所。围屋具有坚固封闭的外围和严密的防御体系，对于天灾、人祸有着非常周密且精细的应对之道和防备手段。在城堡的高墙四周设有炮楼、枪眼等防御设施，内墙使用红薯粉制成的砖块砌成，将食用粉刷在墙上，一旦围屋被困，将这些特殊储备的粮食取来应急也可以维持相当时日的生存。一个大屋就是自给自足的小社会，不仅保证了他们在深入蛮荒之地后的生存和发展，而且因其具有封闭性、独立性，较少受到当地社会文化、习俗、语言的影响和同化，因此虽历经沧桑巨变，仍保持了固有的社会生态。作为古代江西客家民居的主要建筑形式之一，围屋集家、祠、堡于一体，墙体由青砖或花岗岩砌成，非常坚固，造型多以方形为主，其数量之多、规模之大、风格之独特、保存之完好，为全国之最。它与北京的四合院、陕北的窑洞、闽西的土围楼合称为中国"四大古民居"。围屋中拥有大量精美的木雕、石刻、绘画、对联词句，是研究中原远古文化和江西客家文化的活化石。

家族存续的希望——添丁

江西宗族文化的特色还体现在对于宗族后继有人的欢庆之中,而"添丁炮"与"割鸡担灯"就是明证。

所谓"添丁",原意就是添人进口,寓意着家族兴旺、人丁繁盛。赣南有这样的规矩:无论是哪家,只要在过去的一年中添了丁,也就是生了小孩,都要在次年的正月初二到元宵间的某一天,由家族中的长者约请族人到村里的家族祠堂中喝"添丁酒"、放"添丁炮",为添丁者贺喜,也为家族的兴旺可期庆祝,更在不经意间增添了过年的喜乐氛围。这种"添丁炮"风俗今天主要保存在赣州龙南,尤以武当镇田心村田心围一地最为煊赫。田心围内有叶氏宗祠——茂松堂,占地面积 12 000 多平方米。规模宏伟,分三进、二天井,梁柱构架紧实精致,仓厨齐备。据《县地名志》记载:"叶本三从广东省和平县七娘石氏迁此建围。"每年的年初二这一天,村民们约定俗成地聚集在田心围的宗祠前,家家户户挑着祭祀的肉食水果、鞭炮香烛等在此等着放添丁炮。添丁炮燃放前首先要祭告祖先,虔敬的村民用竹篮提着鸡、鱼和酒等贡品陆续进入祠堂祭祖。祠堂里烟雾缭绕,点香燃烛,烧纸朝拜,祈求祖先保佑家族平安、人丁兴旺。祭拜结束后,村民在祠堂前用万余响的鞭炮缠绕起一根根竹篙,靠到墙根下,做好燃放添丁炮的准备。而此时的祠堂内,唢呐声、锣鼓声同时响起,在鼓乐的伴奏下,村民们挥舞着一条 5 米长的黄龙,在烟雾缭绕间翻腾起舞,展露出一种神秘的辉煌。

而"割鸡担灯"则是"添丁炮"之外庆祝延嗣的另外一个重要活动。这种习俗今天主要遗存于赣南宁都的石上村。关于"割鸡担灯"的渊源,石上村的男女老少都能信口道来:相传明万历年间,村里一位姓李的财主,因夫人陈氏得梦而建汉帝庙,庙建成后果然生下一子,取名汉灵。次年正月十四日,汉灵弥月之喜,李财主到汉帝庙杀鸡敬神。自此,村里人生了儿子,都会去庙里杀鸡。因客家人忌讳"杀"字,故称"割鸡",从此,在村里便逐渐形成一种奇特的习俗。此外,传说汉灵一生乐善好施,曾独资兴建一座大木桥,架通了梅江东西两岸。时值元宵节,大桥落成,汉灵的夫人生下第五个儿子,正好三朝汤饼之喜。汉灵非常高兴,一边大办喜宴，一边请巧扎匠（俗称"纸扎师傅"）赶制六盏花灯，以每子一盏，共五盏，取"好事逢双，再添新丁"之意，故以六盏合成一担。当晚，汉灵亲自挑着一担灯，敲锣打鼓去游庙、游街、游村。从此，石上村便形成了群众性的"担灯"习俗，并约定俗成，挑灯人必须是德高望重者。这就成了遐迩闻名的"割鸡担灯"。石上"割鸡"的对象是头年生了孩子的人家，过去只有添了男丁的才参加，现在则生男生女同等对待。"割鸡"活动从正月十三"唱半班"开始就拉开了序幕，到了正月十四日，凡是添丁人家均忙碌不停，恭贺添丁的亲友陆续到来，不仅送来一盘盘、一挂挂、一串串数十万响的"添丁炮"，更有外家请来的唢呐队、锣鼓队带来的红火与喜庆。当天，"添丁户"手举公鸡，紧随其后的两个人抬着竹竿卷起来的鞭炮，一路燃放。鞭炮后面跟着的人用竹篮提着香烛、鸡等贡品，一家跟着一家来到村头汉帝庙。男人们在庙里割断大公鸡的喉管，俗称"割鸡"，祭祀先祖。届时，伴着鼓乐队，村庄舞龙队也翻腾起巨龙前来助兴。人们吹着唢呐、打着鼓、放着鞭炮，开始巡游，任激昂的情绪肆意挥洒。

第二节　民俗

查看江西地图，不难看到环省风俗的地域色彩。作为江西首善之区的南昌民俗的特质是重文乐生；赣南（赣州）民俗有浓浓的中原古风；赣西北（宜春、九江、新余）民俗集中展现出歌舞轻扬的鱼米之乐；赣东北（上饶、鹰潭、景德镇）民俗中潜藏着道韵徽风；赣西（萍乡）民俗更有湖湘流韵；而赣中（吉安、抚州）民俗特质却有翰墨书香。

一、作为首善之区南昌的特色民俗文化

从江西的省域地图上不难发现，省城南昌一带区域虽僻处江西一隅，但借由鄱阳湖吞吐长江的优势，这里与中原区域声息相通、血脉相连。

也因之，这个区域在历史上一直是江西开发的先声，早在秦汉之际，就已经成为入赣先民奋力开拓的场所。虽然司马迁对此地民生并不乐观，称其为"楚越之地，地广人希，饭稻羹鱼，或火耕而水耨，果隋蠃蛤，不待贾而足，地埶饶食，无饥馑之患，以故呰窳偷生，无积聚而多贫"，但垂至隋唐，王勃雄文《滕王阁序》对此地已是大加褒扬，谓之"豫章故郡，洪都新府。星分翼轸，地接衡庐。襟三江而带五湖，控蛮荆而引瓯越。物华天宝，龙光射牛斗之墟；人杰地灵，徐孺下陈蕃之榻。雄州雾列，俊采星驰。台隍枕夷夏之交，宾主尽东南之美"。生产的发展和生活的持续丰裕让这个区域的民风以活泼的庆祝和对美好未来的祈愿为重要特征，这在南昌地区的代表性民俗中体现尤为明显。

祭轿

"祭轿"是南昌地区有代表性的一种民俗，属于婚庆仪式的一种。结婚当天，男方在迎娶新娘之前，要对停放在大堂上或是大门口的花轿进行"祭轿"。

祭轿仪式一般有三个步骤：一是洒酒祭轿；二是燃烛照轿；三是彩绢掸轿。整个过程辅以唢呐、锣鼓吹打助兴，更增添喜庆气氛。人们对祭轿仪式非常虔诚。洒酒祭轿以求天助神佑，赐给新婚家庭幸福美满的生活；照轿、掸轿则有驱邪除晦、永保平安的意思。选择执仪者是件大事。执仪者的标准是全村公认最有福气的中老年妇女：须多儿女，子孙满堂，无病无灾，三代同堂。

拜庙

西山万寿宫庙会是南昌地区的一个重要民俗活动。对于庙会盛况，旧日的净明道书中记载颇多，也较翔实。如《修真十书·玉隆集·续真君传》云："每岁季夏，诸卿士庶，各备香花鼓乐旗帜，就寝殿迎请真君小塑像幸其乡社，随愿祈禳，以蠲除蝗。先期数日，率众社首以瓜果酌献于前殿，名曰割瓜，预告迎请之期也。真君之像凡六，惟前殿与寝殿未尝动，余皆随意迎请。六旬之间，迎请周遍。洪瑞之境，八十一乡之人，乃同诣宫醮谢，曰黄中斋。七月二十八日，仙驾登宫左之五龙岗，禁辟虎蛇，自古以然，谓之禁坛。故远近祈禳之人，昼夜往返，绝无虎蛇之患。仲秋号净明，自朔旦开宫，受四方行香祷赛荐献，先自州府始，远近之人，扶老携幼，肩舆乘骑，肩摩于路。且有商贾百货之射利，奇能异技术之逞巧，以至茶坊、酒炉、食肆、旅邸，相继于十余里之间，终月乃已。常以净月之三日，仙仗往黄堂观谒谌母……"资料详尽地展现了古时江西人参与万寿宫庙会的盛况。对于庙会的时间、庙会前期的准备、庙会的礼节、庙会的规模、庙会的商业、庙会的高潮等多方面一一详述于内。

齐客过年

齐客是指把亲戚朋友统统邀齐来家做客，这种习俗发源于今南昌市青山湖区罗家镇楼付村委会中的付村小组。"齐客过年风俗"的历史，可追溯到明朝中末期，在付村已经传承40多代，流传了近400年。"齐客过年风俗"的过程分两段：一是每年正月十一的祠堂会，家家户户都要到门口接红蜡烛，全村人敲锣打鼓围着村庄转一圈后，将香烛点燃放进付氏宗祠内。二是正月十二祠堂前的行饭会，行饭会的热闹劲儿绝不亚于年夜饭，而行饭会请客者的选出方式也颇有意思。据村民们介绍，请客的人是由抽签决定，一般是六十年轮一次。抽签是这样的：付村共有四房人，每房中辈分最长的人（即房长）不参与抽签，除此之外四房中的所有男丁都参与抽签，每一年每房抽出一人，共四人，每年行饭会请客的就是这四个人。行饭会的当天一大早全村人聚在一起，大家有说有笑地吃着团圆饭，象征着村民以后会更团结，村庄的明天会更美好。

二、宗风与古风混响的赣南（赣州）特色民俗文化

赣南，即江西南部，这里是江西南大门，有丰富的旅游资源。这里有以宋代"四古"（古石窟、古城墙、古浮桥、古瓷窑）为代表的宋城文化旅游区，被誉为"宋代历史博物馆"；这里人文荟萃，文化底蕴丰厚，五千年前就有先民生息繁衍。赣南有浓厚的客家文化，为了逃避中原故地的战火，客家人背井离乡，迤逦南下，在当时几近蛮荒的赣南找到栖

身之所。也因此，这里被寻根的天下客家人称作"故乡"，催生了宗风与古风混响的赣南民俗。

石城灯彩

石城灯彩活动是赣南石城县的民俗。石城在古代原是百越之地，后来成为畲族居住地，由于地处偏远，境内群山环绕，这里成了理想的躲避战乱之地。由于地理位置的优越性，千余年来，这座处于闽赣边际的古城，成了客家先民南下闽粤的休憩驿站和生存福地。《宁化寒谷张氏族谱》载："嵩公为武昌太守，因唐代避黄巢乱，扶母归隐虔北东温澜，转移陂阳乡竹子坝（即石城县竹子坝）。"在一千多年的时间里，一批又一批的客家先民在一次次的改朝换代、兵荒马乱中，被迫远离故土，或逐水而上，或傍山而行，一路南迁，来到石城古邑生息繁衍。石城也因此成了客家民系的重要发祥地和中转站，获得了"客家摇篮"的盛誉。石城成了客家区域接纳南迁中原汉人的第一站。据史料记载，在中原汉人间，舞龙舞狮本就有悠久的历史，中原的灯节始于汉初，盛于唐代。从西晋末年开始，中原汉人迁入石城，中原文化也开始影响石城，舞龙舞狮这一习俗开始在石城出现。据有关史料反映，唐初，石城的生产力非常落后，人们无力抵抗自然灾害，将希望投射到神灵上。遇有旱灾虫害时，这些中原人就利用中原舞龙求雨的形式，祈祷降雨除灾。当时的石城没有彩布和彩纸，他们就用稻草制作龙具在田头地脚舞动以求降雨、保佑五谷丰登，这就是石城灯彩的雏形——秆龙灯，这也是石城与"灯"的初会。随着石城社会经济文化的发展，石城客家人在继承中原舞龙舞狮艺术的基础上，不断结合石城的环境特点和生产生活习俗，创造性地发展了许多灯种。再加上在石城方言中，灯、丁同音，舞灯有祝愿丁口繁盛、丁财两旺、庆贺吉祥之意，因而深受当地群众的欢迎、喜爱，石城灯彩开始扎根发展，并开始形成自己的、独具特色的石城灯彩艺术。这是石城与灯的再会，这一次，石城与灯彩紧紧地走在了一起，走出了"石城灯会"。每年农历正月初一至十五日，民众都会自发组成许多灯会进村入户表演灯彩。表演时使用的道具有龙灯、狮灯、马灯、茶篮灯、莲花灯、板桥灯等几十种，除秆龙灯外，其余灯具均由各色纸张或纱绸经能工巧匠编、扎、画、剪、贴而成，形象逼真、色彩华丽、巧夺天工。石城灯彩品种繁多，常见的有龙灯、蛇灯、莲灯、茶篮灯、蚌壳灯等，五花八门。民间歌谣云：灯彩纸扎随意变，海阔天空万物全，扎物似物凭巧手，以假乱真难分辨。灯会表演时有乐器伴奏，边唱边舞，舞蹈动作丰富，风格多样：龙灯和狮灯以踏、摆、转为主，并插以武艺，动作粗犷豪放；茶篮灯和船灯的表演人物有旦、丑之分，其舞蹈动作为小旦轻盈活泼，彩旦滑稽泼辣，丑旦诙谐灵活。千百年来，石城甚至已经形成了许多与灯彩有关的习俗民规：正月元宵节前，灯彩歌舞遍布城乡各地，大闹新春；四月释迦牟尼节，大放河灯；五月端午节，城乡各地菩萨出游大舞"罗汉灯"；七月、八月，万人空巷舞灯庆祝庙会；十二月，家家张灯结彩过大年。

兴国山歌

兴国县位于江西省南部，属赣州市管辖。兴国 95%以上的人口为中原南迁的客家人及其后裔。由于独特的地理环境和客籍背景，世代居住在高山密林中的客家人过着艰辛的生活，在劳作之余，他们只有用山歌来抒发自己内心的情感。中原的古风遗韵和当地土著文化的融会形成了独具特色的兴国山歌。在兴国城乡村镇，处处闻歌声，人人是歌手。所以，兴国被誉为"山歌之乡"。兴国山歌生动活泼，形式多样，生活气息浓郁，有独唱、对唱、"三打铁"、联唱、轮唱等形式和锁歌、盘歌、斗歌、猜花、丢观音、黄鳅咬尾、绣褡裢、藤缠树、树缠藤等种类。就大的表演形式来分，兴国山歌大体有以下几种：山野田间唱和，因情因景因人而异，内容涵盖男欢女爱、生产、生活、时政等方方面面；跳觋，分南河山歌和东河山歌，南河山歌又分情歌和插科打诨的搞笑歌，由觋公、觋婆装扮演唱，东河山歌即祝赞山歌；民俗歌，在庙会、婚丧嫁娶、祝寿、建房、小孩满月等场合演唱，演唱者多为职业歌师；叙事山歌多为群众场合中一问一答、一正一反的对唱山歌，有较强的故事性，常常是围绕某一主题展开；赛歌是一种特殊的形式，即歌手聚会打擂台，考"肚才"，比机敏，高潮迭起，决定胜负后诞生擂主。

三、安乐重生的赣西北（宜春、九江、新余）特色民俗文化

赣西北扼守江西的北门，界长江与中原相望，迤逦南来的中原文化首先浸染的就是这个区域，这个地区也因此成了江西省域内开发较早的区域，更是中原文化影响极深广的地方。长期以来的开拓与耕种，在带给这个区域民众相对富足的生活的同时，也造就了这个区域风习淳厚、悠然乐生、醺醺然有陶令气的民俗特质。

修水全丰花灯

全丰花灯是一项介于灯、戏、舞之间的艺术表演活动，主要特色是灯队表演，具有浓厚的民俗色彩。"全丰花灯"又称"下半本戏"，主要是春节等传统节日的喜庆活动，每年春节从初一发灯，至元宵止，乡村各路花灯云集，灯队走村串户，一路上彩灯逶迤、锣鼓喧天，通宵达旦。全丰花灯说唱均用地道的西乡全丰土话，开场内容多为即兴打诨，器乐多以打击乐为主，有云锣、锣、小鼓、钹等，有时也以胡琴、笛子、唢呐伴奏。开场、前奏、间奏节奏相同，唱词多用"嘞""哟"等衬词。"锣鼓一响，花灯上场"，扎根乡野的全丰花灯给人的印象是热闹、活泼、真实，戏与灯自然糅合，灯中有戏、戏中有灯，以其娱乐性和随意性备受群众欢迎，体现了独有的文化特色和艺术魅力，有着深厚的群众基础。花灯艺人见什么就能唱什么，总能给群众带来欢乐；远来的客人也可客串一回，唱上几段，不亦乐乎……

丰城"社火"

丰城的"社火"文化独具特色，是独具一格的人文景观。"社火"可能源自江西先民对神佛、菩萨及历代先贤的祭祀。自宋始已有雏形，此后渐渐形成丰富多彩的"社火"文化。"社火"活动隆重而热闹，在丰城各处有不同的叫法，同田叫"游神"或"社火"，客人谓之"过神"，东家谓之"看神"，上塘称"社火"为"游神"，董家称"社火"为"迎神"，尚庄、泉港称"社火"为"故事"，隍城、湖塘以"社火"称之。举办"社

火"之时,过"社火"的村庄还要在村头乡间抬着菩萨"游神"。每当此时,随着三响炮响,前面旗幡开道并以神器法器护卫之,中间抬着菩萨的壮汉们稳步前行,背后则是吹吹打打、鼓乐喧天的乐队一路护送,中间更夹杂鞭炮的轰鸣,热闹却不失神圣的况味。游神队伍每至一处,乡民们都要摆香案跪拜,爆竹迎送,祈求菩萨保佑。一番巡游后,菩萨归庙享受香火供奉;而乡民们则大排酒席,尊者上坐,亲朋好友把酒言欢,尽享生活之乐事。

樟树药俗

樟树市位于江西省中部,鄱阳湖平原的南缘,自古至今为"八省通衢之要冲,赣中工商之闹市",是北进南昌,南取吉、虔,东窥闽、浙,西逼湘东的兵家必争之地。樟树药业源远流长、博大精深、丰厚凝重,得天独厚的自然地理条件,勇于开拓创新的"樟帮"药业人员,高尚严明的药业道德帮规和精益求精的中药材加工炮制技艺,形成了别具一格、独领风骚的樟树药俗,以药材交易的历史沿革为主线,代表了樟树药文化的历史渊源。三国时,樟树开始有药摊出现;唐代辟有药墟;至宋,已形成药市;至明,则有"药码头"之称;至清代,樟树已成为"南北川广药材总汇之所"。民国时,中医被限制,中药无销路,药材生产和交易均呈衰败之势,即便如此,樟树仍为全省药材之总市场。中华人民共和国成立以后,一年一度的全国药交会,其参与地域之广,来者之众,成交品种、金额之多,均居全国南北药材市场之冠,于是"药都"之名渐肇,并为海内外药界同仁所接受、所推崇。

樟树药俗包括药材交易风俗、中药炮制、药膳、药业信仰等。其主要价值有以下两方面。第一,历史价值。"樟树药帮"的形成与辐射,开辟了广阔的药业市场和药材资源,为中华医药的发展,为丰富祖国医药的宝库,谱写了光辉而不朽的篇章。第二,文化价值。中医中药在人类文化史上堪称一绝,从古到今一直保持着它独领风骚和不可替代的地位。因此,中医俗和中药俗也成为最具中国本土文化特色的文化领域之一,它所承载的已远远超出了"医"与"药"本身,它折射出的文化魅力及其丰富内涵更是世代传承、发展。

四、天道与人事交融的赣东北（上饶、鹰潭、景德镇）特色民俗文化

赣东北涵盖了江西省东北部的三个地级市：上饶、景德镇、鹰潭。该地是江西省文化多样性最为丰富的地区，除了赣文化以外，吴越文化、徽文化也同样在这里扎根，并且都枝繁叶茂。吴风、徽俗与赣人习气在这里巧妙地汇通成一幅多元文化的格局。该地三市中，除鹰潭市及其所辖县市基本以赣风为主外，景德镇市、上饶市都有徽俗遗存。上饶市虽整体而言赣风甚重，但其市区及邻近的玉山、广丰、上饶三县居民则都间有吴风。景德镇则受到赣、徽两方面的影响。一方面，自元代开始，大量江西人集中此地业磁为生，促成此地赣俗渐成；另一方面，近代以来不少来自徽州的商业移民为这里的徽俗持续注入生命力，形成徽俗与赣风交杂的气象，甚至可以说景德镇是赣东北三市中徽俗最重的地区。

整体而言，吴越故地巫风甚重，赣人承此亦多酷嗜天道；而徽人重生民之事，俗染商韵。于是，赣东北的民俗就呈现了天道与人事的交融。

婺源商韵

婺源属于古徽州地，是徽派文化的辐射地。古徽州文风鼎盛，但最终形成婺源风习特色的还是此地曾经繁荣的商业。

婺源有久远的经商习俗，对于商事的爱好被他们融入了日常起居的建筑之中，而天井更突出地展现了他们对于商业的兴趣。在婺源，无论是民居还是祠堂，堂屋的上面都有一方狭长的天井，天井四面外高里低，下雨时，房顶的水顺势纳入天井，通过两根长长的竹管流到厅堂下，然后再排到屋外。水往里流的过程被婺源人附会以"财源滚滚进""肥水不流外人田"的寓意，称为"四水归堂"。

龙虎山道韵

作为江西的一隅，龙虎山地属鹰潭，民俗习惯大多与省内他处差别不大，但龙虎山的天师府却赋予了这些习俗别样的含义，洋溢着道家风致。以大家耳熟能详的"端午节"为例，在龙虎山地区，端午的民俗活

动就被附会了张天师降魔的意义。故老相传,龙虎山恶魔为患,太上老君派遣张天师前往龙虎山坐镇,救民于水火。张天师以艾叶扎成的神虎为骑,执菖蒲为剑斩杀群魔,让龙虎山一带重回安宁。于是,为了纪念天师造福的事迹,当地人民创作了"五月五日午,天师骑艾虎,手提菖蒲剑,降魔五万五"的歌谣,并传诵至今,人们亦因之定这一天为端午降魔"恶日"。从此后,每年端午,龙虎山虽家家门上都要悬挂菖蒲、艾叶,但纪念的却是为民造福的张天师,歌颂的也是他驱邪降魔、消灭灾害的伟绩。

景德镇磁韵

景德镇是闻名中外的"瓷都"。景德镇瓷业习俗文化是景德镇制瓷历史的伴生物。

考古调查资料显示,景德镇自五代开始生产瓷器,宋元时期瓷器生产持续扩大,入明以后,由于明清各代皇帝都非常重视景德镇制瓷业,加之海外市场的进一步扩大,刺激了景德镇制瓷业的蓬勃发展,宋应星的《天工开物》在叙述当时景德镇瓷器的产量时说"合并数郡,不敌江西饶郡(指景德镇),若夫中华四裔,驰名猎取者,皆饶郡浮梁景德镇之产也"。到明中晚期以后,几乎所有散落在乡村的小窑作坊都集中到城区,形成了众多的手工业工场,吸纳了大量的从业人员,所谓"窑户与铺户当十之七八,土著十之二三","五方杂处""十八省码头"的陶瓷生产盛况最终催生了景德镇特有的瓷业民俗,比如"做会",又比如中秋节的"太平窑"。

"太平窑"是一种类似圆筒的象征窑。它由一只烧瓷器时用作垫底的圆瓷渣饼搭成,这种窑大的一丈多高,小的也有三尺左右。每年七月下旬起,各地段的孩子就着手筹划烧"太平窑"。八月初一,分别在各条街道上向挑窑柴的担中抽取一二根柴储备。十五以前,分别在昌江河岸的空旷地段用拾俩的渣饼堆造出一座座窑。农历八月十五,中秋节晚上,当月亮升到中天,便开始投柴烧窑。那太平窑一齐烧起来,就像点燃了无数支巨大的蜡烛,照得天上地下、路边水边一片通红,太平窑四周孔内冒出火来,就像一朵朵火花,也像一棵棵火树,与月光互相映照,成为瑰丽奇观。

鄱阳渔鼓

鄱阳渔鼓发源于唐朝,成型于宋朝,流行于明朝。其腔调与我国古代唐诗的音律有关,是民间曲艺的一种形式,是早年鄱阳湖畔最为流行、具有浓郁水乡风情的农家休闲的击乐曲艺。其取材广泛、说唱内容丰富、鼓词朴实、曲调优美,融说、唱、表演为一体,具有浓郁的水乡风韵和地方特色。其主要代表作有《谋兰记》《二观音》等。

鄱阳渔鼓如岁月长河里涌起的一朵浪花,经过历代民间艺人的传承和改造,其在文学、语言、音乐、说唱风格等方面,形成了独具鄱阳地方特色和鄱阳湖水乡风味的地方曲种。它不仅有丰富的传统唱本,如《珍珠塔》《麒麟豹》(《珍珠塔》续篇)、《乌金记》《攀弓带》《毛红退亲》《渔网会母》《蔡鸣凤辞店》等,而且拥有大量取材于鄱阳当地的故事和民间传说。如清道光年间发生在鄱阳县城茅园里的王莲英嫌贫爱富,毒死未婚女婿匡花苟的《谋郎记》的故事;还有根据元曲四大家之一的马致远所作的元杂剧《荐福碑》演绎而来的、为鄱阳人民所熟悉的"时来风送滕王阁,运去雷轰荐福碑"的故事(因荐福寺旧址在鄱阳县城,为县城"东湖十景"之一);以及鄱阳湖的美丽传说《江猪与白鳍》等。尤其是它的说唱语言是以饶河戏的韵白为基础的地方官话和鄱阳方言,加上具有浓郁的鄱阳地方特色和水乡风味的优美唱腔,深受鄱阳人民的喜爱。明、清两代,随着水上交通和商业的繁荣,鄱阳渔鼓和各种民间曲艺活动频繁。当时活跃在鄱阳县城的"小鸭子""闵桂妹""月月红""汪三禾""陶细妹"等民间曲艺演唱队伍就有十多个。每临黄昏,祠堂会馆、街市巷井、船头岸边渔鼓咚咚,小曲悠扬,民间艺人的活动随处可见,可谓是"黄昏人夜静,街市少行人。前厅渔鼓响,后院小曲声。河边唱《秋江》,船头《放风筝》"。其情景可见一斑。

广丰蜡烛会

蜡烛会起源于唐朝,是为纪念辟支古佛而起。辟支古佛姓翁,号藻光,吴屯瑞岩人,河西节度使翁承钦之子,出生于唐武宗会昌甲子年(844年),性格孤僻,十岁出家,《古佛全传》载其"夏则褚夜衣而生,冬则扣冰而洁"。故又称"扣冰老佛"。城关有一条巷子，叫扣冰巷，就是古佛住过的地方。古佛的师父雪峰禅师说："子冀日必为王者师，历游四方，求净僻处，以成定慧。"藻光出家后历尽艰辛，致力于佛法研究，是我国古代参悟到禅学真谛的大师之一。相传古佛十分灵验。有一次黄河决口，饿殍遍野，河堤无法修好，辟支古佛在崇安修寄水斋，黄河河堤才治理完成。又有一年，福州荔枝红时，遇大虫灾，人们来祈求老佛。老佛给铁牌一面，铁牌一到福州，大雨倾盆，给荔枝洗了一个澡，虫灭了，荔枝得到空前丰收。又有一年江西大旱，闻辟支老佛灵验，江西百姓特来祈雨，老佛又给铁牌一面，果然江西人回去后，雨真的落到那里，旱灾顿解。因此古佛被宋朝皇帝封为"灵感法威慈济普照大师"。武夷山的善男信女对他悼念尤殷，特在吴屯建有父母庵一座，将他的肉身遗像供奉在那里。每到会期，万众秉烛迎奉，这就是蜡烛会的由来。千百年来，蜡烛会规模盛大，各地都有奉辟支古佛，以攘瘟疫，以消天灾。吴屯会期是农历二月初一，黎口为二月初六，岚谷为二月十三（后改二月十一），大浑为二月十五，城关为二月二十一，几乎整个二月份都被蜡烛会所笼罩。在各地的蜡烛会中，以城关最为隆重。每年的二月初八日就有"议会"，十六日迎奉城关光化寺的老佛塑像，称为"佛过街"。二十日派十多个彪形大汉，在凌晨前到吴屯小寺接老佛肉身像。接佛时，这些大汉抬着古佛，急跑抬入城关，路上绝对不能休息停留，称为"赛佛"。老佛接到城关后，家家户户选一对最好的蜡烛送庵，庵中灯烛辉煌，一对对蜡烛从佛像前的香案桌一直点燃到大门口。二月二十一日，虔诚的善男信女会集城内，整个城关人群熙攘，热闹非凡。午后，蜡烛会正式开始。先是迎佛，人们抬着老佛，前头由两把大号开道，紧跟各类迎牌，以戏文为内容扮装的三十六台"仙仔"，穿插在行列中间，在迎佛行列中相隔一段就配有闹鼓、仙幡、唢呐等各组乐器，时而一阵闹鼓像万马奔腾，咚咚作响；时而一阵阵管弦细乐，幽闲清新；时而一阵阵唢呐婉转响亮。整个城关，沉浸在欢闹的乐曲声中和神话的境界里。到了晚上，几十成百架的"烛桥"（烛高数尺，插在架上的叫"烛桥"）、"烛轮"（以方筐逐层点燃的叫"烛轮"）、"烛亭"（亭子式的叫"烛亭"）沿街游行，烛光冲天，犹如火龙，颇为壮观。沿街居民燃放鞭炮，献烛礼拜、祝愿，迎佛盛况可谓空前。烛会从唐至今,年年相传。随着武夷山生产的发展,人民生活水平的提高,武夷山人民赋予它新的时代特色,使之成为这里的物质商品交流盛会。在蜡烛会上,城乡居民交流各种生活必需品和春耕农具、家用电器等,这实际上是农事生产的一次动员盛会。

五、流韵湖湘的赣西(萍乡)特色民俗文化

萍乡位于江西省西部,湘、赣两省边界。东与宜春、南与吉安相毗邻,西与湖南醴陵、北与湖南浏阳接壤,紧靠湖湘文化重镇的长株潭地区。在交通不发达的传统时代,此地与湖湘的交通远便利于与江西腹地,由之,此地习俗在湖湘文化的濡染之下形成了独具地域风情的萍乡民俗和异彩纷呈的民间文化,其中尤以萍乡春锣为翘楚。

萍乡春锣

萍乡春锣是流传在萍乡一带的由"报春"演变来的一种民间曲艺形式。每逢春节之后,报春人身背锣鼓,挨家挨户去告诉人们当年的农事季节,提醒人们注意及时播种、耕田。随着时代的发展,历史的普及,春锣演唱的内容开始改变,成为向人们恭贺新年、传吉报喜,并逐步发展到说人物、扬善贬恶的一种艺术形式。春锣由一人演唱,演唱者用红绸系一面直径为15厘米的小鼓,鼓边挂一面小锣,左手持鼓签,右手持锣槌。在演唱之前或间歇之中,演唱者挥动鼓签、锣槌,敲打出"呛咚咚呛|呛咚咚咚呛呛|呛咚咚呛咚咚呛咚咚呛"的锣鼓节奏,然后左手用鼓签击鼓沿为板,开始演唱。春锣用萍乡方言演唱,它的基本唱法是七字句,有时为了增加节奏的变化,它也采取戏曲中的垛板滚唱,这些音调与萍乡方言结合很紧,有浓厚的地方特色。演唱者身披一黄色绸或布袋,将一面直径约20厘米的小鼓系在左腹部,鼓边挂一同样大小的小铜锣,左手持鼓签,右手持锣槌,敲打出"咚咚咚呛|咚咚咚呛|咚呛咚呛|咚咚咚呛"的节奏,作为曲首的过门和段落之间的间奏音乐。传统春锣演唱的最大特征是"见赞";三皇五帝、文武百官、九流三教、平民百姓、男女

老少,见人赞人;烟茶酒果、绸缎丝棉、竹禾药材、桌椅摇篮,见物赞物;起屋造船、修桥补路、蒸酒熬糖、纺纱织布,见事赞事。一个才艺高超的老艺人,往往记下了数以百计的小段子,对人对物对事都能应对如流。

萍乡的春锣产生于春天,早先的农民对季节变化模糊不清,为不延误农民播种,每年春季,朝廷就派人到乡间鸣锣告示,提醒农民耕种。随着日历的普及,春锣已失去了原有的意义,成为一种民间文化流传至今。目前还没有发现历史文献中的确切记载,从南唐后主李煜书写桃符以志迎春,到明太祖朱元璋倡导百姓贴春联以庆迎新春,虽然涉及迎春接福的主旨,但是否与萍乡春锣有缘则无法断定。根据萍乡春锣传统唱本中的叙述和民间传说,萍乡春锣起源有三种说法:一是"报春"说;二是"迎春接福"说;三是"周吴"二姓说。一般认为,春锣由民间"报春"演变而来。旧时历书未普及,报春人就身背锣鼓,把二十四个节气编成歌,挨门串户提醒人们及时播种。历书普及后,春锣逐渐演变成祝贺新年、传吉报喜、说唱人物故事的一种曲艺形式。艺人的流动演唱还把春锣传到了宜春、万载和湖南醴陵、浏阳等地。

六、翰墨书香中的赣中(抚州、吉安)特色民俗文化

赣中地区,指今江西中部的抚州地区、吉安地区,相当于清代建昌府、抚州府、吉安府。这个地区素来以农业经济繁荣、文化昌明、人才辈出著称,民俗文化中亦多有与书香翰墨有关的特色。明人谢阶树对此亦有记述:"吾邑聚族而居,其祖父之富者,则于子孙产业之外,必别分田以为祭田、学田。祭田以备清明祭祖扫墓之用;学田以助读书、膏火之资。……又学宫之中,各家量其力之大小施田数亩、数十亩不等,以为义田,今闻逾万亩矣。若遇试事,则童子、秀才、举人皆得分钱,以为试费。"

诗书流坑

流坑是一个自然村,位于江西乐安县,全村三面环水,一面靠山。

自五代南唐升元年间（937—942 年）始祖董合自宜黄县迁居北地建村开始，董氏一姓在此世居，延续千年。董氏先祖崇文重教，使古代的流坑村人才辈出，代有贤能，共出文、武状元各 1 名，进士 33 名，举人近百名，成为江右望族。古时的流坑村因文教发达、仕官辈出，村中遗存的民间艺术具有厚重的文化沉淀，"乡射遗乐"即是此中的一枝奇葩。据流坑村族谱记载，流坑的"乡射遗乐"是明末在南京任刑部尚书的董裕带领族中子弟到宫廷乐队学习所得，并世代传承至今，至今已有数百年历史。"乡射遗乐"俗称"小吹会"，演奏乐班一般由 9~12 人组成，主要乐器有二胡、三弦、琵琶、唢呐、板胡、高胡、月琴等。演奏的主曲牌有"朝天子""风入松""浪淘沙"等。从其音乐曲牌名称、风格以及乐队所使用的乐器，能领略到古时皇家宫廷音乐的浓厚色彩，表演曲目较完整地保存了我国古典民族音乐的精华。单从其音乐风格来看，应属于宫廷音乐中的"朝会乐"或"朝宴乐"。

每年正月初二至十五，乐班全体人员头戴礼帽，身着吉服，到村中大戏台进行隆重的音乐演奏。而在平时，每当村中有大型祭祀活动或村中有地位、有权势的人遇有喜事时，乐班人员也会穿戴整齐，在两个高脚提花大灯笼的引领下，一路吹打到演出场地，先由班首装香点烛，燃放鞭炮，并高声报出喜庆人家的姓名和喜事或祭祀活动的内容，而后再根据主人的要求或祭祀活动的内容演奏不同的曲牌，气氛庄重热烈。

新干摇钱树

始于宋形于明而盛于清的新干"莲花落"，又称"落离莲"或"摇钱树"，当地称"瞎子戏"，是当时盲人乞丐行讨而唱的民间曲艺。其内容多为劝世文，以扬善惩恶、吉祥纳福为主。用方言说唱，委婉动人，通俗易懂，生动风趣，具有寓教于乐、淳化民风之功能。因盲人拜佛从善，而莲花又是佛教的象征，盲人演唱时大都是两人一伍，一唱一帮，各手执一常青树枝，上缀许多红色纸花，为"莲花"状，枝丫间用线串明钱，用于摇动，"嗦、嗦"作响，助打节拍，故名"莲花落"。

据《新干县志》记载，"莲花落"可上溯至宋朝，形于明而盛于清。

从清末开始,"莲花落"在新干广为流传,出现了专门从事唱戏文的叙事性"莲花落"的职业盲艺人,演唱民间故事。其形式也在原来单曲清唱或两人对唱的基础上,变走唱为坐唱,由"耍花棍"发展成有胡琴、板鼓伴奏,兼容"说书"的一种演艺形式。"莲花落"以"曲艺本调""曲艺哭调"为主要曲牌,同时吸收了民间小调和采茶戏音乐,唱腔婉转、流畅,善于叙事,宜于抒情,且用方言说唱,加之拍击胸、肚、臂、腿,通俗易懂,生动风趣,引人入胜,受到广大群众的喜爱。其传统曲目有《天宝图》《丝带记》《罗帕宝》等。

永新小鼓

永新小鼓源于道情,相传在清道光年间形成于江西永新。早期是收容孤寡残疾的养济院里的盲艺人传唱谋生的渔鼓形式。后来有永新的盲艺人改用小鼓伴奏,并在语言音调、表演风格上有所变化,演唱一些从戏曲、小说中改编的短篇曲目,逐渐发展到编唱长篇曲词,并形成具有地方色彩的曲种。永新小鼓的表演形式是一人站唱,以唱为主,间有说白。演唱者腰系双面小皮鼓,敲鼓击节。唱腔脱胎于渔鼓,句式和板腔结构同渔鼓有相似之处,但又有发展变化。曲调跳跃起伏,跌宕多姿,能叙事也能抒情。主要有平腔、高腔两种,平腔稳健深沉,旋律多往下行,长于表现诙谐、讽刺题材;高腔高昂热情有力,旋律多往上行,适合表现赞扬歌颂题材。传统曲目有《卖花记》《私访长安》等30多部。

永丰农民画

永丰农民画植根于悠久的民族、民间艺术传统的沃土,倾注着劳动人民的情感,并以其独特的艺术思维、浓厚的生活气息、神奇瑰丽的色彩、纯真质朴的艺术境界,焕发出现代中国民间艺术的独特光彩。永丰农民画经历了诞生、成长和发展三个时期。永丰农民历来擅长手艺,这里多出木匠、篾匠、漆匠和织女,工于精雕细刻。受传统文化和优美环境的熏陶,永丰农民酷爱作画,耕作之余、闲暇之时,往往是放下锄头、镰刀便拿起画笔涂抹,至今形成独特的一抹亮色。

七、江西民俗文化的历史价值与地位

自远古的三苗时代开始，江西就有民风沉淀于斯，继而荆楚与吴越的原始民俗也杂染其间；到了北民南迁的时代，自北方南下的中原故人又将中原古风带入江西，与江西故风交融。但在江西先民拼搏求生的努力中，江西的民俗文化既没有沿着吴楚尚巫的方向演化，也没有因中原故地风习的注入而成为中原民俗的翻版。在漫长的历史演变过程中，纷繁多样的遗风异俗在赣地杂凑成了一个多彩的"拼盘"。而这无疑也是江西民俗文化的历史价值之一。

第三节 饮食

作为长江中下游重要的稻米产区和众所周知的"鱼米之乡"，江西的饮食文化从"饭稻羹鱼"起步，勾连吴楚湘粤食俗、包容佛道养生观念、远承中原饮宴遗韵，在悠长的历史发展过程中，逐渐形成了具有地方特色的饮食文化传统。这个传统既和江西地域的生态环境密切相连，也与这个地方的人文、风物息息相关。

一、江西的稻作农业的开发历程

俗话说"巧妇难为无米之炊"，说到江西的饮食文化，首先必须面临的是江西的农业开发历史，梳理江西先民的农作演化历史。

江西地处南方湿热地区，土地肥沃，水网密布，良好的自然条件使水稻成为这里主要的粮食作物。早在文明初萌的先史时代（距今 7 000～10 000 年前后），江西万年仙人洞地域就已经有了水稻的驯化和人工栽培。此后的漫长时间里，江西的稻作农业一直取得成就，甚至中原地区对于江西的稻作也有所了解，《逸周书·王会解》曾说"东南曰扬州……其谷宜稻"。到距今 2 500 年左右的战国时期，江西的稻作农业已经取得

了显著的进步，在当时的新干县，人们甚至筑起了总数四座，每一座面积达到676平方米左右的大型粮仓来储存稻米。西汉末年，庐江太守刘勋在皖城乏稻，求助于豫章，一次得稻三万斛。东汉安帝时期曾数次从江西调出稻米赈济他处，至南朝，江西已号称"富有稻鱼之饶"，《豫章记》称之为"嘉蔬精稻，擅味于八方……沃野垦辟，家给人足，蓄藏无缺，故穰岁则供商旅之求，饥年不告臧孙之籴"。延至唐时，江西农业开发取得巨大进步，"鄱阳胜事闻难比，千里连连是稻畦"，江州"万顷新稻傍山村"；时人称"江西诸郡，昔号富饶，庐陵小邦，尤称沃衍。一千里之壤地，粳稻连云；四十万之输，将舶蔽水。朝廷倚为根本，民物赖以繁昌"（李正民《大隐集》卷五《上吴运使启》）。双季稻这时期也日渐多见，钱翊的《江行》对晚稻的种植已有记述，谓之"万木已济霜，江边农事忙。故溪黄稻熟，一夜梦来香"。

入宋以后，江西地域稻作耕种面积因水利的大规模兴修而持续扩大，宋人记载江南西路（约同于今江西）的田地面积为45万余亩，仅次于淮南路，高居天下第二；靖康后，江西的稻作农业更是垦尽寸土，甚至已经"田尽而地，地尽而山"，范成大在《骖鸾录》中记之为"袁州（今宜春）岭板皆禾田，层层而上至顶，名梯田"。由于耕种面积的持续增加，江西的农业取得了巨大的进步，粮食在自给之余更大量输出外地。据记载，北宋时江西输出的粮食已达120余万石，到南宋更高达200余万石，其时东南六路漕运定额为600万石，可见该数值已经分别占到了东南六路漕运定额的五分之一和三分之一，《能改斋漫录》称之为"天下漕米取于东南，东南之米多取于江西"。曾安止《禾谱序》曾记述说民间贩卖稻米的盛况："春夏之间，淮甸荆湖新陈不续，小民艰食"，商贾就会到江西来贩运稻米，"水浮陆运，通此饶而阜彼乏者，不知其几千万亿计，朽腐之逮实半天下"。到了明代，江西对全国的粮食贡献持续走高。洪武二十六年（1393年），来自江西的征米占全国总数的10.43%，到弘治十五年（1502年）达到11.4%，到万历六年（1578年）还继续上升到11.47%，高居全国的前列，可见江西地域稻作农业的持续发展。这种趋势一直延续，至晚到1935年，江西收获稻谷10 652.7万市石，占全国总收获量92 221.6万市石的11.55%。

二、江西饮食中的食材构成

在主食稻米的同时,作为佐餐食材的发展也经历了一个从渔猎采集为主向畜养种植为主演化的过程。

蔬食的构成

我国培植蔬菜,最少可以上溯至六七千年前。河姆渡遗址有葫芦籽,半坡遗址有芥菜、白菜籽,还贮存在小陶罐中。钱三漾遗址除了有葫芦以外,还有甜瓜。进入三代以后,蔬菜品种就大幅度增加。我国古代文献史料关于蔬菜的记载很丰富,尤以《诗经》《山海经》《尔雅》记载最多。约略而言,陆生的芸(白菜苔)、苋(苋)、蔓菁、萝卜、苦瓜、瓜、葫芦瓜、韭菜等,《诗经·豳风·七月》就有"七月食瓜,八月断壶(葫芦)……献羔祭韭"的记载;水生蔬菜则有蘩(塘蒿)、水芹、水藻、莼菜、蒲和莲藕,《诗经·陈风·泽陂》就有"彼泽之陂,有蒲与荷"的记载。

江西有记载的农业开发比较晚,且气候条件比黄河流域的中原地区更利于蔬菜的种植。所以相对于早期文献记载中的这些蔬菜,江西先民的蔬食更为丰富,且在日常食用方面多能做到因时而异。所谓"冬蔬菘芥春蔬韭,夏蔬茄苋瓜瓠豆荚秋蔬芹。冬蔬最珍,夏蔬最夥。菘芥御饥,盐菜终岁。薯芋旁飧,姜葱杂蔬也"。其中菘(白菜)、葵、韭、瓠、菌等俱是土产,为先民素来所常用,而瓜更分冬瓜、倭瓜(俗称北瓜,也称南瓜)、菜瓜、黄瓜(传自西域,原名胡瓜)、苦瓜、丝瓜等。

作为江西先民一员的陶渊明在自己的诗文中也曾经大量记载了这些蔬菜的使用,侧面佐证了江西饮食文化中关于蔬食的习惯。如《饮酒》诗有"邵生瓜田中,宁似东陵时";《止酒》诗有"好味止园葵,大欢止稚子";《读山海经》中有"欢然酌春酒,摘我园中蔬";《酬刘柴桑》诗亦有"新葵郁北牖,嘉穟养南畴"。

对于水生蔬菜,不但前述蘩(塘蒿)、水芹、水藻、莼菜、蒲在江西地区早经食用,江西先民对于莲藕的采食更是广为人知。记载显示,最晚不迟于六朝时期,南昌周边的莲藕就已经被江南地区美称为"佳藕"了。

肉食的构成

先民时代早期的人们获取肉食还脱离不开最初的渔猎，但这种获取肉食的方式存在极大的不稳定性，也就不可能构成人们获取肉食的主要途径。随着时代的演进，人们对肉食的追逐渐渐开始由渔猎向畜养转化，其中尤其以家猪的饲养最为显著。

家猪的饲料不同于一般牛羊的草食，这决定猪的饲养只能在人类定居下来进行相当程度的农业生产开发，拥有相对的粮食富余之后进行。从江西临川出土的战国时期陶猪俑及其形制不难看出，家猪已经被纳入江西先民的日常生活，江西先民对其进行饲养，更将之作为财富的象征纳入陪葬物品。家猪作为肉食的主要来源之一，对其饲养活动的扩张对于江西人饮食结构中肉食结构的变化显然是有一定贡献的。

到了魏晋时期，江西各地开始大量饲养猪、羊、狗、鸡、鸭、鹅等家畜家禽。20世纪50年代以来，江西各市（县）陆续发掘的上百座六朝墓葬中，随葬品就有不少是滑石猪、青瓷鸡、鸭、鹅以及猪、羊圈等明器，说明饲养此类家畜家禽在江西地区已非常普遍。过去一直被北方人视作的美食，这时也成了江西人民的佳肴。

此后，江西地区的家畜饲养持续扩张，成书于唐前期的《朝野佥载》甚至有"洪州有人畜猪以致富，因号猪为黑金"的记载，可见当地肉食供应还是比较丰富的。

但是家畜的饲养往往要消耗大量的粮食，家猪的饲养更是如此。《说文解字》将猪解释为"以谷圈养豕也"就在某种程度上说明了这个问题。而且猪在生长期间无法为农人带来任何的附加利益，大量饲养猪无疑会对传统粮食生产造成压力。而牛羊虽是以草食为主，但牛是传统时代重要的生产工具，"有妄屠牛者，吏辄行罚"，故也难以成为肉食的主要来源。所以虽然唐宋以降江西已经是重要的粮食产区，但是牲畜并未在普通人的肉食结构中构成重要的成分，反而基于水乡特色的渔获一直成为江西普通民众的重要肉食来源。

江西地区因河湖密布、港汊纵横，淡水鱼类资源极为丰富，品种繁多，如鲤、鲫、鲢、鳙、鳊、白、青鱼及黄鳝、泥鳅、龟、鳖、蟹、虾、螺、蚌等，不下数十种。由于掌握了多种捕捞方法，如结网、垂钓、以竹篱截河等，人们于农田之暇各携器取之，即便六七岁小儿也能取鱼。《越绝书》就提到越人惯于居水，好吃腥味食物，《正义》注之为"楚越之乡，足螺鱼鳖，民多探捕积聚，煮而食之"。尚处于新石器时代早期的万年仙人洞遗址灰烬层中，曾出土大量动物碎骨和螺、蚌、鱼、鳖、螃蟹等的甲壳和遗骨；在贵溪地区发现的春秋战国时期的悬棺中，也大量发现有随葬的鳖的躯壳，这些考古证据都间接证明很早以前江西先民就注重以渔获补充肉食。

三、食器的演变

饮食文化首先当然是食材的文化，但显然也离不开食品生产与食品消费时使用的食器。清代诗人袁枚就曾提出"美食不如美器"，可见古人对食器之美的重视与追求。

江西在农业开发上起步极早，距今万余年前的仙人洞和吊桶梁遗址中出土的"天下第一罐"就被认为是与稻作文化有关的器具的雏形。但在其后的历史中，由于历史发展的阶段性特征和江西地区早期先民本身的流动与变动（舜迁三苗），江西地域的农业发展并未得到持续的记录。关于这一时期的饮食文化的记录非常稀缺。到夏商时代，吴城遗址和新干大洋洲商墓的发掘揭示了江西地域青铜文明时代高度发达的文明个体。观察其间出土物品的特征，不难发现其中存在着很多的青铜食器的痕迹，在祭祀器具中也有大量与饮食器具有关的东西。此后演进到秦汉时代，虽然这一时期的农作物和前一时代相比仍无太大的变化，并因此影响到饮食器具，使其演化较小，仍以青铜炊具与食具为主体，但是，以基本炊具为核心的炊具这种进步既体现为品种更加丰富，用途也更加专业化，这在某种程度上说明了江西的饮食文化的日渐丰富。魏晋以后，江西的农业开发取得较大的成就，东迁的晋室在将中原文化带入江南地域之后，也将中原的饮食习俗带入了江南地方，江西地域的农业文明取得了较大的进步，不但作为主食的农作物品种得到丰富，加工农作物及牧渔畜产品的手段与工具也大量出现。形成对比的则是关于饮食起居的记载逐渐丰富。其中，江西的饮食文化和饮食习俗在中原文化的洗礼下逐渐丰富，表现在炊具和食具方面就是食品加工工具更加丰富，而佐食工具的材质开始向相对廉价且更加实用的陶瓷器具演化。唐宋以后江西的饮食结构逐渐定型，食器的品种和用途开始稳定，相应的与饮食相关的文化开始初步形成自己的特征，在混同周边地域的饮食习惯的基础上，江西地方开始逐渐产生切合地域环境的饮食文化与饮食习惯。此后，在江西地区，与饮食相关的器具虽因时代的演进偶有变化，但其基本形态已经与后世的食器无甚本质差别了。

鼎食与青铜食器

传统时代早期，饮食往往被赋予了沟通鬼神的意义，甚至成为政权维护的工具。其中，鼎可以说是最具代表性的一种器具。鼎是夏商时期重要的礼器，"列食九鼎"被认为是礼之大端，有"天子九鼎、诸侯七鼎、大夫五鼎、士用三鼎或一鼎"的规定。鼎也因之成为主要的宗教祭祀礼器，在大型的祭祀场所中的作用不可替代，甚至失鼎就相当于失去国家政权。而新干大洋洲一共出土有鼎30余件，形制有圆鼎、方鼎、鬲形鼎和瓿形鼎等。除了鼎，新干大洋洲还出土了10余件其他的青铜食器，如鬲（一种蒸煮器）、甗（也是一种蒸煮器）、簋（一种盛放器，往往在宗教祭祀过程中配合着鼎一起使用，有着严格的标准）、豆（盛放肉食和调味料的一种盛食器）等，从出土的这一系列的商代青铜器，不难发现江西地域饮食文化的早期繁荣。

陶瓷食器的发扬

青铜食器在江西地区虽然生发得很早，但这主要还是贵族的消费，对于普通民众的饮食习俗而言，陶瓷食器的发明与发展才是更重要的一环。

江西地域陶瓷器具出现得较早，新石器时代就有印文陶器，至秦汉已经形成了较为成熟的制造工艺，甚至景德镇的陶瓷烧造历史也被上溯到汉代："新平冶陶，始于汉世。"但今天出土的汉魏陶瓷食器多以明器的形制出现，是否为日用物品的变造还值得探究。

到了隋唐时期，随着以洪州窑为代表的一系列窑口的出现，以生活日用为主的碗、杯等器皿成为其烧制的主要产品，这些器物虽然褐色较深、瓷质粗糙，但其对百姓日用的影响更为直接，日益代替金属器进入了人们的日常生活之中。《太平广记》卷五十一《陈师》记载豫章旅店老板梅氏"颇济惠行旅"，曾一次送给道士 20 个新瓷碗，说明瓷器已经普遍用作生活器皿。而《旧唐书·韦坚传》还曾记载其于江淮一带搜罗特产进献，就豫章则是"名瓷、酒器、茶釜、瓷铛、瓷碗"，可见当时江西陶瓷食器运用之广，已有全国性的影响。

入宋以后，江西的陶瓷业进入了繁荣阶段，瓷窑多、产品丰富。以青白瓷为代表，民用瓷器皿已经普遍出现在民众生活中，这不仅是因为景德镇窑产品畅销，还因永和窑、南丰窑、七里镇窑等众多瓷窑也是窑火旺盛。诸窑并盛，全面开花，这对江西饮食文化的进一步丰富产生了重要的影响。

四、江西饮食中的饮

说到饮食，人们头脑中泛起的第一个概念自然是珍馐美味，但不可避免地也会联想起杯盘杂陈、觥筹交错。盘与筹为食而作，杯与觥指向的却是对酒水的消费。

中国饮酒的历史极其悠远，传说中有仪狄造酒进献给禹的记载，更有说"酒之所兴，肇自上皇，成于仪狄"的，也就是说自上古三皇五帝的时候，就有各种各样的造酒方法流行于民间，夏禹时候的仪狄不过是将这些造酒的方法归纳总结出来而已。考古发掘也证明，早在新石器时代晚期，人们已掌握了原始的酿酒技术，出现了发酵水酒。到殷商时期，饮酒已经成风，对殷商遗迹的考古发掘也证明，不但殷商时期的甲骨文字中曾多处提到酒，还出现了种类繁多的酒器，如尊、罍、壶、爵等。《史记·殷本纪》甚至记录了商纣王"以酒为池，悬肉为林，为长夜之饮"终至败亡的情况，足见中原地区造酒饮酒历史的悠久。

中原地区的饮酒传统随着魏晋时期的汉民南迁被大量地带到了江西，江西先贤陶渊明即是这种风习的著名践行者之一。陶渊明一生好饮且怡然自乐，在他的记载中，旁人光耀门楣的出仕不过是他获得酒水的途径。"彭泽去家百里,公田之利,足以为酒,故便求之",到了彭泽令任上,他更干脆打算将县里拨发的充作糊口工资的公田全部种可以酿酒的糯谷(秫谷),"令吾常醉于酒足矣"。妻子劝谏再三,才勉强划出 50 亩种秔谷(粳米)以养家糊口,而其余的 1 顷 50 亩还是被他种成了秫谷,全充了酿酒之粮。甚至他辞官归隐之后,进门的第一件事就是"携幼入室,有酒盈樽,引壶觞以自酌……"。在漫长的隐居生涯中,除在自家饮酒外,他还常与众乡亲共饮,无论识与不识,有酒必至,遇酒则饮,自云"得酒莫苟辞"(《形赠影》)、"绿酒开芳颜"(《诸人共游周家墓柏下》),强调"酒云能消忧""酒能去百虑"(分见《影答形》《九日闲居》二诗)。因之,酒也就成了他诗歌的重要组成。在陶渊明存世的 160 余首诗赋中,提到酒的将近 50 首,其中不乏专门写酒的诗,仅《饮酒》诗便有 20 首,另有《述酒》《止酒》诗各 1 首。就算如此,在他的《拟挽歌辞》中,他仍然不以为足,"但恨在世时,饮酒不得足"。

当然,陶渊明的嗜酒有其具体的社会历史原因,也有其个人的政治立场表达的含义在里面。但是,大量与酒有关的信息无疑说明着江西在魏晋前后已经形成了比较浓厚的饮酒氛围与饮酒习惯,也就难怪晚唐诗人王驾在《社日》中褒称江西的"鹅湖山下稻粱肥"后却以"家家扶得醉人归"为结句了,而这对于江西饮食文化的丰富无疑是有价值的。

五、饮食习俗的演进

饮食文化中的重要一环是与饮食习俗有关的背景信息,江西的饮食习俗离不开江西特有的历史地理背景,也离不开江西社会历史发展过程中形成的独特的文化氛围。从江西饮食习俗的演变历程来看,水乡特色的熏染、地域环境的影响和佛道文化的潜移默化对江西饮食习俗的最终形成产生了重要的影响。

吴头楚尾的影响

江西地貌复杂异常,兼有山地、丘陵和平原地貌,自古以来就有"六山一水二分田、一分道路与庄园"的说法,其基本特点就是地势上南高北低,环省周围层峦叠嶂、群峰耸立,中南部则是丘陵起伏,北部却是鄱阳湖与滨湖地区的平原场景。整体上构成了一个自南往北、由东西南三方省境而中心、最后缓慢向北境倾斜,饶、修、赣、抚、信五水汇流于鄱阳湖,界长江向中原地区敞开怀抱的场景。这种颇具特色的地貌架构为中原风俗深入江西省境敞开了大门,使三苗、吴越、荆楚等风俗文化共构原初风貌受到持续的冲击;进一步的,这种地貌地势还导致江西自古以来就未能形成可以培育相对独立的文化体系的割据势力和相对稳定的政治中心,这也为外来的饮食风俗在江西地域的成长带来了便利。

从历史沿革来看,早期江西曾是百越杂处之地,到春秋前期,吴、楚两国在江西境内辗转角逐,形成对峙之势,造就了世人对江西地区"吴头楚尾"的认知。勾践灭吴后,越国吞并吴国全部疆土,江西一变为"楚尾越头"。公元前306年前后,楚再灭越,并吞江西全境一归于楚,使江西成为"南楚之地"。

值得注意的是,正是这种独特的地貌和"吴头楚尾"的历史背景,使得江西古代的饮食文化呈现出吴楚饮食文化与南北饮食文化杂糅的特点,沿长江而来的巴蜀、湘、楚、徽、吴、越等区域的饮食习惯,乃至环江西周边的闽食粤风都在江西有所成长,最终与江西的饮食习惯交相浸染,也使得江西饮食文化向综合性、多元化方向演进,导致江西饮食风俗嗜辣不输于湘乡,用甜兼有江浙之风,而吃生吃鲜更有闽粤风韵。

佛道文化的熏染

江西在很久远的过去就有敬神重巫的传统,佛教进入中土之后,逐渐中国化。在这个过程中,江西以其悠远的历史和持续开发的环境吸引了大量的佛教传播者。到魏晋南北朝时期,以庐山慧远为代表的佛教信仰者以其独特的视角和辩证思维吸引了儒生与世人的注意。几乎与此同时,同样隐居于庐山的道门高士陆修静对于道教体系的完善也做出了重要的贡献。释、道两家不经意的默契,造成了释、道、儒文化在江西地域有机融合,虎溪三笑虽是向壁虚构,却深刻地刻画了江西的儒家文人对于释、道两家的深爱,也间接造成江西青山绿水间处处可见的禅林道场。

佛道两家在江西地域的广泛传播导致了佛道文化对江西传统文化的渗透和改造，佛道两家的宗教饮食习俗对江西传统饮食文化的浸染即是其中一例。

自汉末传入江西之后，佛教就在赣鄱大地扎根下来。吸收儒家文化进行自身改良的佛教禅宗更在全省各地生根发芽，演化为众所周知的"五家七宗"。在演化与传播的过程中，佛教不但吸收了江西地域传统文化的先进之处，也向江西传统文化反哺其自身固有的优良因素，而佛教饮食文化对江西饮食文化的渗透和改造就是其中的重要一点。

不但佛教如此，道教亦是如此。自东汉末年张道陵到江西设坛修炼开始，"丹成而龙虎现"的传说既造就了龙虎山的盛名、奠基了天师府近两千年的煊赫，也使得道教徒在江西省域内非常活跃。这种活跃为江西传统文化色调添加了灿烂的道教色彩，也使得江西传统饮食文化中掺杂了许多具有鲜明道教元素的饮食习俗。

自成一家的赣味

在周边地区饮食文化和佛道两家饮食习俗的影响之下，传统赣地菜品逐渐演化了一些自己独有的地方特色，大致可划分为原汁原味型、复合味型和特殊味型三大类，其中尤以三杯味、家乡味最为突出。赣菜选料广泛、主料突出、注重刀工、制作精细，在烹饪中突出"原汁原味"。

三杯味

赣味饮食中，有不少菜肴属原汁原味型，这也是赣系菜肴的一大重要特色。原汁原味型即通过原料自身的鲜味相互渗透的烹调方法，辅以适当的调味料来突出主料本味的一种味型。三杯味型的调和是以一杯烹猪油、一杯甜米酒、一杯鲜酱油为调味料。江西菜"三杯鸡"就是其典型的代表，它选用万载三黄仔鸡，剁块后直接盛入砂钵内用炭火炉焖制。"三杯鸡"色泽红亮，鸡肉香鲜骨酥，汁稠味浓、原汁原味，风味独特。此外，赣菜中采用三杯调味烹制和以三杯命名的系列菜品尚有不少，如"三杯甲鱼""三杯狗肉""三杯石鸡""三杯肫肝"等。它们均属于原汁原味型的传统三杯味菜肴，其共同的特点是香鲜酥烂、汁稠味浓、原汁原味。

家乡味

赣味饮食中，所谓家乡味主要是选用鲜蒜头、干红椒、葡萄豆豉、精盐、料酒、酱油等调味料进行综合调和形成的一种复合味，其中豆豉为不可缺少的调料。

豆豉中含有多种人体不可缺少的氨基酸，咸甜兼备，醇厚鲜美。制作家乡菜肴时，以精盐渗透，豆豉增香，干椒提味，用量上以达到咸辣浓醇为度，突出家乡味的特色，此味豉香浓厚，咸鲜香辣，四季皆宜。赣菜中"家乡肉"是其代表菜品之一。取猪瘦肉刀片，加笋片、青蒜、生姜、干红椒、豆豉一起旺火煸炒出香味后，加精盐、料酒、酱油一起焖制而成。赣菜中家乡口味菜品的"家乡鱼""家乡豆腐""家乡鸡""家乡牛肉"等都具有咸鲜兼辣、豉香味浓的特点。

六、江西传统饮食中的文化符号

江西传统饮食在长期的发展过程中，不但形成了独具特色的赣菜风格，而且形成了一系列独具特质的标签，比如在选材用料上强调"吃新""吃鱼""吃辣"，在饮食养生方面突出"吃素""吃药"，在宴饮礼仪方面围绕"吃席"更有一系列的明暗规则。

吃新

江西地处长江中下游，境内物产丰饶，四季蔬果不绝。当季应时的菜蔬对江西饮食文化的一个影响就是江西传统饮食文化中有吃当季菜与"荐新"的习惯。江西虽然不像闽粤地区的食俗那般求新好异，但对鄱阳湖的藜蒿的喜爱显然是具有地域色彩的创新；而且江西人在食材的选择方面也非常强调当时应季，比如南昌地区在祭祀有"江西福主"之称的许真君时刻意的"割瓜"之礼就颇有请神仙"吃新"以求庇佑的味道。

吃素

说到吃素,首先要厘清的是"素食"的概念。一般意义上讲的素食主要包含两层意思:一是指以植物性原料制成的少油腻且较清淡的食物;二是指只食用植物构成的素食,而不食由动物原料构成的荤食的一种行为模式或生活方式。在宗教活动中,吃素往往具有特定的意义。佛门《楞严经》说:荤菜生食生嗔,熟食助淫,所以必须在禁止之列。但佛门素食的范围是比较广的,辣椒、生姜、胡椒、五香、八角、香椿、茴香、桂皮、芫荽、芹菜、香菇类等都可食用,豆制品、牛奶和乳制品,如奶酪、生酥、醍醐等也都不在禁止之列。而道教则将食物分为三六九等,认为最能败清净之气的是荤腥及"五辛",所以忌食鱼肉荤腥与葱韭蒜等辛辣刺激的食物。《上洞心丹经诀》卷中《修内丹法秘诀》云:"不可多食生菜鲜肥之物,令人气强,难以禁闭。"

江西饮食文化具有俗家饮食与佛道等宗教伙食综合的特点,强调饮食中的素食与养生。

吃辣

江西地属吴头楚尾,处亚热带湿润地区,境内水资源丰富,四季气候为春多梅雨、夏炎热、秋干燥、冬潮冷。山区地带更为湿润。由于特殊的环境气候影响,江西人的饮食习惯也是多喜香辣、咸鲜,口味注重浓郁,在赣西地区,甚至炒盘小白菜都会放进大量的辣椒粉。

在吃辣方面,江西菜中的余干辣椒炒肉最为典型。余干辣椒,当地又称丰收辣、枫树辣、余干小辣椒,是余干县的地方名优特产,为地理标志商标。由于余干县洪家嘴乡双港村枫树自然村所产的辣椒品质最好,最为有名,因而得名"枫树辣"。枫树辣果实较小,具有肉厚、皮薄、肉质细嫩、口感鲜香、辛辣适中、营养丰富等特点,吃后略带甜味。

余干辣椒炒肉的主要原料为余干丰收辣椒和五花肉,辅助材料为豆豉、蒜末、姜末、水淀粉及老抽豉油、料酒、盐和鸡精。制作步骤是:首先,将丰收辣椒洗净沥干水,对半切开去籽;其次,五花肉焯水切薄片,水淀粉勾芡;再次,炒锅下少许油,烧至五成热,将豆豉、姜蒜末爆香，再倒入肉片爆炒，炒至肉片边缘微焦，放料酒，之后倒入余干辣椒，炒匀；最后，依次放老抽豉油、盐和鸡精，炒匀装盘。

药膳

受宗教饮食的影响，江西饮食很注意饮食养生之道，强调以食进补、以食养生，形成了一套自成一家的饮食养生的方法和观念，也使得药膳成为江西饮食的一大特色。爆炒枸杞叶、肉炒车前革、木槿花蒸蛋、百合焖肉、油炸天门冬、淮山炖肉等大众菜，芳香可口，又有防病养生之功效。斋公（道士）所创素宴，其主菜为"鹅颈"（芡粉粉油条）、"脯九"（豆浆揉米粉，油炸成丸）、饟豆腐、饟辣椒、饟茄子、香菇熘白菜、子午豆腐等，营养丰富，清香可口，油而不腻。子午豆腐闻着臭，吃着却是唇齿留香。

在饮食养生方面，南昌瓦罐汤是其典型。瓦罐汤又名民间瓦罐汤，是南昌民间一种独具特色的传统煨汤方法，其作为赣菜的代表，至今已有一千多年的历史。《吕氏春秋·本味篇》中对煨汤原理有所记载："凡味之本，水最为始，五味三材，九沸九变，则成至味。"唐代《煨汤记》中记载："瓦罐香沸，四方飘逸；一罐煨汤，天下奇鲜。"

瓦罐煨汤是将装有食材的小瓦罐一层层地置入一米方圆的巨型大瓦罐内，再以木炭恒温制达六小时以上煨制，方出罐食之。瓦罐缸中之罐是用气的热量传递，久煨而不沸，不施明火，不伤食材，使原料鲜味及营养成分充分融解于汤中，汤汁稠浓，醇香诱人，久聚不散，口味独特，而且更有强身健体、滋补养颜之功效，具有很高的营养价值。

煨制瓦罐汤采用一种制特的大瓦缸，其缸底可以烧火，缸内置有铁架，厨师将装有汤的小瓦罐一层层地码入缸内的铁架上，然后点燃木炭，借用木炭火产生的高温将瓦罐内的汤煨熟。制作"瓦罐煨汤"的大瓦缸高约1.3米，系粗陶制成。缸的底部放有一个圆形铁筒，里面可装木炭，用来烧火。缸内有三层铁架，可以放约30多个小瓦罐。缸的顶部有一铁盖，可以随时揭开，加木炭、放瓦罐都是用一个铁制的夹子从顶部伸进去进行。用于装汤的小瓦罐高约18厘米，直径约20厘米，有一小手柄，可用手握住端上桌。此外，小罐上面还有一个小盖，盖上有一小孔，用于煨汤时排出多余的热气。

煨汤时,需将各种原料洗净后放入小瓦罐内,再加入调料,掺入清水(最好用纯净水),盖上盖,将瓦罐码入瓦缸内的铁架上,点燃木炭,将汤煨 8~12 小时,取出即成。制作"瓦缸煨汤"的用料很广泛,鸡鸭、牛肉、猪肉、海产、野味、竹笋、菌类、豆制品、蔬菜等,都可用来制作"瓦缸煨汤"。

吃鱼

鱼是中国餐桌文化最重要的内容之一,在餐桌文化漫长的发展历程中,鱼由主食逐渐向佐餐食物转化,但这并不影响鱼在餐桌文化中的特殊地位。

江西境内水系发达、水产众多,其饮食习惯自古以来就与鱼有不解之缘。从"饭稻羹鱼"开始,江西先民在加工和食用渔获方面一直有独到之处。以做菜原料为例,据不完全统计,江西的菜品原料不下 500 种,仅涉及鄱阳湖渔获的原料就有 170 多种,另外如兴国的红鲤、婺源的红荷包鲤也是重要的赣菜原料。

这方面的菜品典型如鄱湖胖鱼头。这是江西九江市的一道传统名菜,属于赣菜系浔阳菜一支。因该菜具有鲜辣微酸、肥嫩鲜美、营养丰富的特点,其主要材料胖鱼头乃是产自鄱阳湖,赣味极其浓厚而位列十大赣菜之首。

鄱湖胖鱼头的主要材料为鳙鱼头,辅助材料为萝卜干、米椒、生姜、蒜以及料酒、精盐等调料。其制作方法是:首先,将鱼头洗净、剁开,放料酒、精盐腌渍 10 分钟;其次,将腌好的鱼头入蒸柜内蒸至熟;最后,取萝卜干、米椒、生姜、蒜子等切末入锅内炒香,加入鱼汤调味淋浇于鱼头上即成。

吃席

中国古代饮食礼仪制度是在漫长的历史进程中积淀成型的。早在《礼记·礼运篇》中,就有"夫礼之初,始于饮食"之说。而这一切又深厚且充分地体现在中国古代饮宴礼仪上。不但"席不正不坐""虽疏食菜羹,必祭、必斋如也"已经成为饮宴的共识，如果有乡里父老同餐共食，饮宴礼仪更要求与会者必须等老人家都离席后，自己才能告退，也就是所谓的"乡人饮酒，杖者出，斯出矣"。

以此为基础，江西的传统饮食风俗在长期的演变过程中逐渐形成了具有鲜明特质的"吃席"风俗。

首先，江西"吃席"强调宴席中饮酒的重要性，不但宴必饮酒，称为"酒席"，更认为没有酒的宴席只能是一般的"便饭"，不能称为"宴会"。围绕宴席上的饮酒活动，还形成了一整套以传统伦理为内核的敬酒、陪酒礼仪，成为宴席活动必不可少的一环。

其次，江西传统的"吃席"强调宴席菜肴的丰富、不乐简洁。在筹办宴席的过程中，乡人往往极尽一家一族之能事，着力筹办。明嘉靖年间刊行的江西《广信府志》就已经记载当地宴会"一会或费数十金，为品至数十，兼彩目食之华，宛效京师，耻弗称者，率自摈焉"。

最后，"吃席"过程中非常强调席上的座次。传统江西民间的宴席非常流行使用方桌，号为"八仙桌"。当桌朝大门（东边）时，坐西向东的席次就被认为属于最尊贵者，强调"东向为尊、西向为卑"。尊卑之间如有混淆，更会让所有的"吃席"者不满，认为主办者"不懂规矩"。而一旦尊卑排定，居尊位者必须是村内或家族中的尊长。他享有对席上好菜的优先享有权，甚至一道菜上来之后都必须是他先动筷子，其他人才能开始品尝。

从吃席这个角度看，客家菜"四星望月"是一种典型的体现。四星望月是赣州市兴国县的一道汉族传统菜肴，属赣菜系赣南客家菜一支，俗称"兴国粉笼床"，具有色泽金红、粉干软香、鱼肉嫩滑、味鲜兼辣的风味特点。1929年4月，毛泽东率红四军转战到赣南时吃过这道客家美食，因毛泽东命名而得名，拥有"天下第一菜"的盛誉，具有"鲜香辣爽"的特点，已被列入"十大赣菜"系列。

关于这道菜名的来源，当地流传着这样一个故事。1929年4月，红四军从闽西回师赣南，分兵发动群众，毛泽东带着一个警卫排首次进入兴国县城，受到兴国县委领导陈奇涵、胡灿等人的欢迎。当时，红军从井冈山突围出来，转战数月，风餐露宿，相当憔悴。于是陈奇涵等人决定请毛泽东打个牙祭,吃一餐兴国客家的传统菜"蒸笼粉鱼"。当天晚上,毛泽东见桌上油炸花生米、竹笋炒肉和炒鸡蛋等四碟小菜围着一个尺余大的竹蒸笼,颇感诧异。揭开笼盖一看,才明白原来是一道菜。他挟块鱼片一尝,又鲜又辣又香,颇合他的嗜辣口味,不由得兴致勃勃地吃起来。毛泽东吃了一阵,放下筷子,问道:"这菜叫个么子名字?"胡灿说:"家乡菜,没啥名字,就叫粉蒸鱼。"陈奇涵笑着说:"在皇宫什么菜都有一个漂亮名字,今天这道菜,毛委员您看叫什么名呢?"毛泽东兴致盎然地说:"是该有个名字才好,孔子曰'名正言顺'嘛!"少顷,他用手中竹筷指着蒸笼比画着,饶有风趣地说:这是一个大的团圆月嘛!又指着四个盘子说:这是四个星星啰!四个小盘子围着个大蒸笼,就像星星围着月亮,我看就叫'四星望月'好不好?""四星望月"菜名由此而来。1949年后,郭沫若在品尝这道菜后,称赞其为"天下第一菜"。而毛主席历次回江西,都要点这道菜,并把它引进了中南海。1972年12月,邓小平重返兴国,也指名要吃这道菜。1996年9月,江泽民到兴国视察时,也要求吃这道菜。三代领导人都看好这一道菜,一时成为佳话。

笔者将江西各地特色饮食的大致情况制表如下,供参考。

表 5-1　江西各地特色饮食概况表

地区	特色饮食
南昌	藜蒿炒腊肉、煌上煌烤卤、南昌炒粉、南昌瓦罐汤、糊羹、猪油渣炒辣椒、南昌米粉肉、安义潦河鲜、鄱阳湖狮子头、鄱湖野生桂鱼煮粉、砂钵狗肉、生米藠头、三杯脚鱼、白糖糕、牛舌头、南昌蛋黄麻花
九江	浔阳全鱼席、鄱湖胖鱼头、如意三石、黄焖石鸡、脆皮石鱼卷、九江粉蒸肉、南峰豆参、板栗炖鸡汤、熟烩虾仁、萝卜牛肉煎包、鲇鱼钻豆腐、九江萝卜饼、粉蒸鹅、吴城狗肉、流浪鸡、盐茶鸡蛋、浔阳鱼丝结、泥鳅钻豆腐、修水哨子、艾米果
景德镇	瓷泥煨鸡、高岭土煨肉、昌南一锅鲜、乐平白切猪肉、凉拌冷肉、油条包麻糍、乐平桃酥、大米饴糖、龙姣瓜子、波浪肉、瑶里柿子饼、苦槠豆腐、冷粉、饺子粑、塔前糊汤、涌山腊猪头

续表

地区	特色饮食
萍乡	莲花血鸭、乡村小河鱼、萍乡小炒肉、蕨根粉煮鳝鱼、青豆虾球、萍乡麻辣鱼、萍乡盐果子、手撕狗肉、辣子炒熏肉、萍乡猎芋儿、香脆萝卜干、山药百合兔肉汤、武功蚂蚁酒、佛手药酒
新余	酸萝卜老鸭汤、如意石耳扒竹笋、仙女湖特色青鱼、蛋白翘嘴鱼、什锦煲、仙湖米粉鱼、蟹黄三色鱼圆、凉皮、泡菜炒饭、清炖武山鸡、小乔炖白鸭
鹰潭	天师八卦宴、上清豆腐、泸溪活鱼、天师板栗烧土鸡、卤猪蹄、牛肉丸子汤、红烧茄子、香菇活肉、冬笋咸肉丝、腌菜浆蒸蛋、龙虎苦菜、荠菜羹
赣州	四星望月、客家酿豆腐、瑞金鱼丸、石城肉丸、兴国鱼丝、赣南小炒鱼、赣南荷包胙、三杯鸡、崇义黄姜豆腐、信丰萝卜饺、南康烤羊肋、安远香菇鱼饼、豆瓣烩豆腐皮、瑞金芋子饺、艾米果、瑞金牛肉汤、红军焖鸭、黄元米果炒腊肉、定南炒东坡、定南鱼饼、定南客家酸酒鸭、上犹包米果、生焖鸭、文山里脊丁
宜春	樟树炒粉、宜丰狮子头、香菇油菜、宜丰五香鸡、宜丰腐虾、黄连麻糍、上高炒田螺、上高蹄花、炒扎粉、张巷狗肉、老表土鸡汤、铜鼓包圆、高安炒米粉、樟树药都药膳
上饶	清蒸荷包红鲤鱼、余干枫树辣椒炒肉、婺源酒糟鱼、婺源糖醋鹅颈、李坑撰肉、野艾果、蒸汽糕、婺源糊豆腐、婺源粉蒸菜、白玉豆、龟峰扣肉、廿四都糖糕、五都清汤、饭麸果、横峰油子馃、葛源豆腐、余干凉粉、黄豆肉馃、婺源木心果、鄱阳春不老、弋阳年糕、弋阳扣肉、弋阳鸡（豆豉清蒸鸡）、铅山灯盏粿、铅山红芽芋、香菇笋干、德兴肉烧饼、灰煎果、乐安驴肉
吉安	井冈竹鼠、井冈山烟笋烧肉、井冈南瓜汤、庐陵香质肉、清汤泡糕、石鸡两吃、凤凰锦鸡、永新猎肉、淮山枣泥、永新血鸭、永新酱萝卜、窑头豆腐、万安鱼头、荷包玻璃鱼、吉水炒米粉、薄酥饼、炒双冬、炒石鸡、青椒鸭舌、炒萝卜干、石耳炖武山鸡、泰和酱菜、泉水鱼、碗儿糕、店头丝糖、峡江汤粉、永和豆腐、茅坪粉蒸鹅、鸡汁仙鱼卷
抚州	五香麻鸡、黎川米糖、临川藕丝、临川牛杂、石锅拌米饭、麻姑米、麻姑酒、浒湾油面、金溪米粉、金溪麻糍、金溪藕丝糖、金溪金橘饼、醉河虾、南丰鱼丝、墨鱼粉皮、冻米肉丸、红妹子霉豆腐、乐安驴肉、乐安米粉肉、乐安霉鱼、蒸子糕、冻米肉丸、甲鱼煮粉皮

第四节　商帮

江西的商业文化历史悠久。因唐时江西属于江南西道,明末清初散文家魏禧所著的《日录杂说》上记载"江东称江左,江西称江右。盖自江北视之,江东在左,江西在右",故江西商帮在历史上被称为"江右商帮"。江右商帮是中国古代商帮中最早成形的商帮,也是中国古代实力最强的商帮之一。

一、唐宋以降的江西商业活动

唐代以后,随着全国经济重心的南移,江西成为全国经济重要区域。尤其是五代十国割据时期,危全讽入主抚州数十年,采取了保境安民、劝课农桑、招徕商旅的政策,使农业和手工业得到一定程度的发展,呈现出"既完且富"的繁荣景象。宋朝时期,经过进一步开发,江西已经成为全国经济文化发展的先进地区,其人口之众、物产之富、文化之盛,江南西路经济在宋朝居全国各路之首,强大的物质基础为江右商帮的兴起奠定了坚实的基础。宋徽宗崇宁元年(1102年),全国在册户口数为2 026万余户,共4 532万余人,其中江西地区达201万余户、446万余人,均占 1/10,人口为诸路之首。历元至明,江西的这一经济优势仍继续保持,元初至元二十七年(1290年),江西人口达1 400万,江西地区在册户、人口数分别占全国的20.2%和23.3%。

宋末元初,景德镇瓷业迅猛发展,青花瓷烧造的成功使江西在全国瓷业输出中独占鳌头。而进贤毛笔、烟花,广昌白莲,南丰蜜橘,临川西瓜,铅山造纸,宜黄夏布等特产均驰名海内外,并为江右商帮带来巨额利润。抚州人艾英南不无自豪地说:"随阳之雁犹不能至,而吾乡之人都成聚于其所。"吉安人彭华也说:"(吉安)商贾负贩遍天下。"明代万历年间的王士性曾赴各地巡视,其《广志绎》曾表彰江右商人:"作客莫如江右,江右莫如抚州。余备兵澜沧,视云南全省,抚人居什之五六。"又说:"滇云地旷人稀,非江右商贾侨居之则不成其地。"据《皇明条法事类纂》称，明代成化年间，仅云南姚安府就有江西安福县、浙江龙游县军民商人三五万人；临安府也有许多江西商人。云南金沙江一带的蛮荒之地，也成了江西人的迁徙集居地，江西商人遍布云南各地。

江西商人利用地理之便，同样活跃于福建、两广地区。福建、广东本地也有商帮，不过他们的贸易重点是在海上，而省内的山区地带，基本上都是江西商人活动其间。明代学者王世懋发现，福建建阳、邵武、长汀等地的居民口音与江西口音相似，一经询问，原来与大量江西商人的活动及入籍有关。以盛产武夷茶著称的建宁府为例，茶农茶商几乎都是江西人，每年的早春二月，总有数十万江西人来到这里，"筐盈于山，担接于道"，或做茶生意，或替茶商打工。金溪商人王善，"操奇赢之术，游七闽，家乃大穰"，主要在福建经商；精于制墨的商人傅云心，也将墨品运往福建一带销售。明末清初，建昌朱氏后裔及药商富豪为躲避清兵的洗劫，纷纷隐姓埋名逃往福建，大批药业同仁踏上了"扎红头绳出去，缠丝线归"（指明清时少年用红头绳扎头发，老者裤子筒均扎丝线），"走福建吃药饭"的谋生道路，代代相传，在闽入籍者不计其数，建昌会馆遍布福建。

在广东的广州、佛山等城市，江西商贾亦"人数殷繁"。广东潮州、惠州等地棉纺业所需棉花，有一半左右靠江西商人从饶州、南昌等地运来。吉安布商有在广州、佛山等地设立"粤庄"。连州、高州等地则有很多关于江西商人施放子母钱的记载。江西的典当商在广东一带也很活跃，他们"坐放钱债，利上坐利，收债米谷，贱买贵卖"，而且手法高明，常在当地农民稻谷扬花时节去施放利债，让农民用新谷作为质押。等到收货时，稻谷还未入仓，商人早已赶来，如数运走。江西商人还有很多因在广东、江西两地贩盐而大发其财。广东历来是有名的产盐区，唐代以前，由于大庾岭所阻，江西全省只能食淮盐。大庾岭道拓宽后，大余、赣县、南康等地江右商人便翻越梅岭到广东境内去贩运，唐代以前江西专食淮盐的格局被打破。

在稍远一点的广西桂林、柳州、浔州、太平、镇安等地，来自江西的盐商、茶商、木材商、药材商也活动频繁。尤其是梧州，地处左、右江会合要津，百货往来，帆樯林立，其繁荣程度在清前期几乎与汉口、湘潭比肩，江西商人在这里所开设的商号林立。隆兴二年（1164年），广西贺州知府秦某上奏说："赣、吉、全、道、贺州及静江府居民，常往来南州等处，兴贩物货，其间多有打造兵器，出界货卖者。"这位知州了解的情况，不仅是赣、吉商人在广西经商，甚至还把生意做出国界。

二、"无江西商人不成市"：遍布各地的江右商人

明清时期，江右商人经商地域辽阔，足迹遍布全国。不仅重庆、成都、广州、泸州、贵阳、昆明等名都大邑成为江西商人风云际会的场所，即使是偏僻落后的山寨苗寨，也常有江右商人出没其间。明人徐世溥曾在其所著《榆溪集选·楚游诗序》中专门谈到江西商人的活动范围："豫章之为商者，其言适楚犹门庭也。北贾汝、宛、徐、邠、汾、鄂，东贾韶、夏、夔、巫，西南贾滇、僰、黔、沔，南贾苍梧、桂林、柳州……"从中可知当时江西商人已经到达今湖北、湖南、河南、河北、山东、江苏、山西、陕西、四川、云南、贵州、广西等十多个省区。

湖广地区

与江西毗邻而又地域辽阔的湖广地区，是江西商人的主要活动地区。如湖北的汉口（今武汉），明清时期是天下四大名镇之一，也是江西商人的聚集之处。他们涉足当地著名的"盐、当、米、木材、药材、花布"六大行业，尤其是药材业，几乎被江西清江（今樟树）商人垄断；湖南的岳州府（今岳阳）以渔业为主，而"江湖渔利，亦惟江右人"；长沙、衡阳等地商贾汇集，也"以江西人尤多"；明代兴起的竟陵（今湖北天门市）皂角市，居住着大约三千人口，本地人仅为十分之一，且均从事耕作，而十分之七来自江西，绝大部分是商贾之家；地处湘黔边境的会同、洪江及鄂西的郧阳、钟祥等县，也有大量江西商人，当时湖广一带广泛流传有"无江西商人不成市""一个包袱一把伞，跑到湖南当老板"的民谚。

云贵川地区

地处西南、人口稀少的云南、贵州、四川，也是江西商人活动的主

要地区之一。明代抚州籍学者艾南英曾说其乡"富商大贾,皆在滇云"。明神宗万历年间担任云南腾冲兵备道的王士性,曾对江西商人在云南的情形有一段比较精彩的描述,说云南各地"非江右商贾侨居之,则不成其地"。"作客莫如江右,而江右又莫如抚州。余备兵澜沧,视云南全省,抚人居十之五六。初犹以为商贩,止城市也。既而察之,土府、土州,凡爨猡不能自至于有司者,乡村间征输里役,无非抚人为之矣。然犹以为内地也,及遣人抚缅,取其途经酋长姓名回,自永昌以至缅莽,地经万里,行阅两月,虽异域怪族,但有一聚落,其酋长头目无非抚人为之矣。"

据《皇明条法事类纂》,明成化时,仅云南姚安军民府(今云南楚雄彝族自治州西部)就有江西安福县、浙江龙游县商人三五万人,"遍处城市、乡村、屯堡安歇,坐放钱债,利上生利,收债米谷,贱买贵卖";嘉靖中,临安府(今云南红河哈尼族彝族自治州及通海、华宁、新平、峨山等县)也有许多江西商贾,"自远方服贾而来者,西江(即江西)之人最多,粤人次之,蜀人又次之"。

在贵州地区,江右商人也接踵于道、同贾于市。清代罗绕典著《黔南职方纪略》中记载贵阳一带"江、广、楚、蜀贸易客民,毂击肩摩,籴贱贩贵,相因垄集"。遵义回龙场等地,是清代兴起的水银产销基地,一些江右布商从江浙等地收购棉布及本省所产的夏布运至该地销售,然后就地收购水银,销往四川、两湖等地,因而这里的汞商也十之八九是江西、湖广人。该省镇远府(今黔东南苗族侗族自治州北部)、松桃庭(今松桃苗族自治县)等地,江西商人也甚多。

在四川、重庆地区,江西商人也遍及各地,包括夔州(今奉节)、叙州(今宜宾)、松潘(今阿坝藏族羌族自治州)、梓潼县等地,其中尤以吉安商人为伙。据载,明清时期四川、重庆地区的外省商人会馆中,江西会馆多达200余处,居各省首位,其名称不一,有如"万寿宫""真君宫""许真君宫""文公祠""洪都祠""豫章公馆""晏公庙""萧公庙""仁寿宫""临江公所""昭武公所""安福会馆""泰和会馆(观音阁)"等。明宪宗十七年(1481年),刑部因江西商人携带绢布、火药等物品涌入四川少数民族地区买卖铜铁、聚众开矿,疏请申禁"江西人不许往四川地方交结夷人"。

闽粤地区

在以盛产武夷茶著称的建宁府（今属南平市），茶农茶商以江西人为主，每年初春后，江西商人开始来到这里贩卖贸易，如在崇安县（今武夷山市），茶市贸易以江西商人为多：

茶市之盛，星渚为最。初春后，筐盈于山，担属于路。负贩之辈，江西、汀州及兴泉人为多。而贸易于姑苏、厦门及粤东诸处者，亦不尽皆土著。（《崇安县志·风俗》）（嘉庆十三年）

广东潮州、惠州等地棉纺业所需棉花，大多由江西商人从饶州、南昌等府贩运而来，高州（今茂名市）等地还有不少关于江西商人施放子母钱的记载。正如江西泰和人郭子章所说："豫章人挟子母钱，入虔入粤，逐什一之利，趾相错也。"广西桂林、柳州、浔州（今桂平市）、太平（今属梧州市）、镇安（今属百色市）等处，江西盐商、木材商、药材商活动频繁。尤其是梧州，地处左右江汇合之处，清前期商业贸易发达，成为与汉口、湘潭比肩的名镇，江西商人在这里所开商号有百十家。

中原地区

河南、河北及北方各省也遍布着江西商人的足迹。明宣德十年（1435年），河南南阳知县李桓圭上书明廷，说该地有许多江西商人，放贷生息，累起词讼，要求申明禁约。天顺、成化时的大学士、邓州名士李贤记载说其家乡邓州四方商人云集，其中"西江（即江西）来者尤众"。英宗正统十四年（1449年），河南布政使年富甚至要求政府尽驱在当地的江西移民，尤其是江西商人。河间府（今河北沧州市）的瓷商、漆商，宣化（今河北张家口市）、登州（今山东蓬莱市）等地的书商、巾帽商等，也"皆自江西来"。

京畿地区

在作为明清时期全国政治经济中心的北京地区，也有江西商人的活动。明人张瀚在《松窗梦语》一书中说："今天下财货聚于京师，而半产于东南，故百工技艺之人亦多出于东南，江右为伙，浙（江）、（南）直次之，闽粤又次之。"据统计，明代各地在北京的会馆见于文献者有 41 所，其中江西有 14 所，占 34%，居各省之首。清光绪时，北京有会馆 387 所，江西为 51 所，占 12%，比重虽少于明朝，但仍居各省之首，比当时势力最大的山西会馆（45 所）还多。可见江西商人在京师一带的地位。

江浙地区

明清时期商品经济最为发达的南直（今江苏、安徽）、浙江地区，徽商和宁（波）绍（兴）帮相继崛起，拥有相当大的势力，但江西商人也十分活跃。如江淮百货集散地、商业经济高度发达的扬州，明代以徽商最盛，其次则是陕商、晋商和江右商。长江北的盱眙、泗州，长江南的南京、苏州、松江及浙江的杭、衢、婺、处诸府，也均有江西商人列铺坐卖，或辗转贩运。浙江山区多产蓝靛、宁麻、纸张，江西商人亦深入山区采购。

其他地区

在辽东、甘肃、西藏等地域，江西商人也有携货往返，乃至娶妻生子、至死不归者。如玉山县商人张良舒，长年在辽阳经商，积资甚富。同乡商人多在此有外室，并且也有人给他做介绍，可见当地江西商人不在少数。南丰县商人夏某曾多次出入西藏，往返贸易，最后病死于藏东旅途，竟然被他儿子打听到下落，扶柩而归，可见这条商道也是江西商人的熟路。

海外

景德镇瓷商多有远涉重洋、出海贸易之举。明成祖永乐时，有"饶州人"程复以琉球国中山王长史的身份与明朝使者接触。据史料记载，程复是明初经商至该地定居的，很可能是景德镇瓷商。嘉靖时，明廷命"浮梁客"汪宏等人随外商船只出海采买香料，则汪宏等人也应该是经常出海贸易的茶商或瓷商。同治《南昌府志》说丰城县的商贾工技尤多，无论秦、蜀、齐、楚、闽、粤，视若比邻，浮海居夷、流落而忘归者十常四五。

第六章
江西的宗教文化

江西地处吴头楚尾，受吴楚文化影响很深，其部分地区又深受越文化影响。无论是楚、吴还是越文化，都与早期巫崇拜有密切的关系。也因之，当地有非常深刻的敬天敬神的传统，不但佛门禅宗五家七宗多有祖庭分布于江西的名山大川之间，道门修士也多在此间择地传法。除佛道之外，民间信仰也比比皆是，巫风傩舞遍于赣地民间，在曲折展示先民求生之艰的同时，也保留下江西先民灿烂的信仰文化。

第一节 道教

道教以"道"名教，或言老庄学说，或言内外修炼，或言符箓方术，认为天地万物都由"道"而生，即所谓"道生一，一生二，二生三，三生万物"，社会人生都应法"道"而行，最后回归自然。

作为一种多神崇奉，道教沿袭了中国古代对于日月、星辰、河海山岳以及祖先、亡灵的崇奉习惯，形成了一个包括天神、地祇和人鬼的复杂的神灵系统。

江西一地，道教诸派并进，洞天福地遍布其间。据宋人张君房编《云笈七签》记载，天下十大洞天、三十六小洞天、七十二福地中，江西共有五处小洞天、十二处福地。五处小洞天分别是庐山洞（第八洞天，名曰洞灵真天，在九江市）、西山洞（第十二洞天，名曰天柱宝极玄天，在南昌新建）、鬼谷山洞（第十五洞天，名曰贵玄司真天，在贵溪）、玉笥山洞（第十七洞天，名曰太玄法乐天，在永新）、麻姑山洞（第二十八洞天，名曰丹霞天，在南城）；十二处福地则有郁木洞（第九福地，在玉笥山南）、丹霞山（第十福地，在麻姑山西）、龙虎山（第三十二福地，在鹰潭市）、灵山（第三十三福地，在上饶县东北）、金精山（第三十五福地，在宁都）、阁皂山（第三十六福地，在樟树市）、始丰山（第三十七福地，在丰城）、逍遥山（第三十八福地，在新建县）、东白源（第三十九福地，在奉新）、虎溪山（第四十七福地，在庐山南）、元晨山（第五十一福地，在都昌）、马蹄山（第五十二福地，在鄱阳县）。这些洞天福地都有道教人物的活动和传说。

一、正一派

正一道是在天师道、龙虎宗长期发展的基础上，以龙虎宗为中心，集合各符箓道派组成的一个符箓大派。其前身是产生于汉末的天师道。它的宗教活动与太平道类似，但也有自己的特色。如新入道的信徒名"鬼卒"，成为骨干后，由他统领一众新教徒，则升为"祭酒"，祭酒还负责在要道路口设立"义舍"，为过往行人准备食物。祭酒主要讲解《老子》的记录名《老子想尔注》一书。书中主张信徒努力修道，"各安其位"，以达到"治国令太平"的理想；要求教徒遵守"忠孝诚信、行善积德"的道诫，"奉道诫，积善成功，积精成神，神成仙寿"。天师道创始人张陵据传曾受两仙鹤导引入龙虎山修道，龙虎山遂成为道教正一派"祖庭"。其后，张陵的四代孙张盛将传教的地区从青城山迁至龙虎山，张氏后世子孙遂于此世袭相传。

隋唐时期，道教兴盛，正一派逐渐融合其他符箓各派。宋真宗曾召见第二十四代正一天师张正随，赐其"贞静先生"的称号，自此，直至南宋末第三十五代天师张可大，几乎代代正一天师都得到赐号。宋徽宗时，第三十代天师张继先极得宠信。徽宗为他在京城附近修建了"崇道观"，龙虎山本营的上清观也升格为"上清正一宫"。自从张可大被宋理宗授予总管符箓各派的大权，正一派就取得了符箓派道教的统领地位。

正一派在元代也被尊宠。元世祖忽必烈于至元十三年（1276年）召见第三十六代天师张宗演，赐给他玉芙蓉冠，组金无缝服。次年，元世祖赐其银印，让他主领江南道教，封他为"演道灵应冲和真人"。此后，历代正一天师都被元统治者封为真人。第三十九代天师张嗣成，在泰定二年（1325年）被封为"翊元崇德正一教主"，并被授权掌管全国道教事务。元代，龙虎山天师府权力很大：可以建议任免江南各地道教事务管理官员和道观管理人员，向皇帝提出新建道教宫观的经费供给和人员编制，还可以直接发放"度牒"。

图6-1　天师府·玄坛殿

明太祖朱元璋赐第四十二代正一天师张正常"正一嗣教真人"称号，并下诏让正一天师世代掌管全国道教。自此，至第五十二代天师张应京，除第五十代天师张国祥，代代天师都被封为大真人。第四十三代天师张宇初曾以全国道教首领的身份，写下《道门十规》一卷，阐述了道教派流、宫观修整等问题。

二、净明派

净明派又称净明忠孝道，始创于南宋初。相传东晋时江西南昌西山道士许逊修道有灵验，举家拔宅飞升。北宋时，游帷观获赐"玉隆观"之名。徽宗崇道，改观为宫，赐名玉隆万寿宫，上许逊尊号为"神功妙济真君"。南宋时，金兵南侵，生灵涂炭，万寿宫主持周真公祈请许逊救民于水火之中。传说许逊下降，出《灵宝净明飞仙度人经》《净明黄素书》

等经典,于是周真公托神建道,建翼真坛,传度弟子五百余人,创立净明道派。元初,西山隐者刘玉自称数遇许逊、胡慧超等,降授净明道要、得净明道法,应许逊谶记当为八百弟子之师,遂开创净明道派,以南昌西山为活动中心,一时从学者甚众。于是净明道复兴,流传至今。

图 6-2　玉隆万寿宫

　　净明道教义以融合儒释道为特点。该道亦称净明忠孝道,"盖其说以本心净明为要,而制行必以忠孝为贵而已"。所谓净明,即正心诚意,教人清心寡欲,使本心不为物欲所动,不染物、不触物,清静虚明而达于无上清虚之境,此之谓净明。其说盖有取于佛家常言心性本净本明之义。倡言净明,旨在使修道者心念和行为皆符合封建伦理规范,自觉遵守忠孝廉慎宽裕容忍之道,做忠臣孝子良民。净明道极力强调忠孝大道,维护封建纲常,因而得到元明两代不少重臣儒士的服膺称赞。后该教逐渐归入正一道。

三、灵宝派

　　灵宝派阁皂宗祖庭在樟树阁皂山,由葛玄创立。据说葛玄以《灵宝经》传授弟子,几传之后到东晋末葛巢甫造构灵宝、风教大行。刘宋道门高士陆修静刊定《灵宝经》35卷，编成灵宝、科仪多种，大大促进了灵宝派的兴盛。此后，灵宝派持续传承，渐有衰微。入元以后，随着龙虎山正一派天师受命总领天下道教，灵宝派终归入正一派。

图 6-3　阁皂山

灵宝派对道教发展贡献甚多，有两处重点提及。首先是构造了为后世道教各派公认的最高神元始天尊，丰富并完善了道教神仙体系；其次是通过吸收和化用佛教的教义，将佛教的三世说、度人说融入道教学说，为道教从自度向度人的转化铺平了道路。在灵宝派度人说出现以前，道教历来强调自身的修炼，以功成得道为追求；而度人说强调积德行善、普度众人方可成仙。这无疑增强了道教对普通信众的吸引力。从此，神仙便也有了救苦救难的职责。灵宝派因度人教义而被称为"大乘"，以示与其他教派的自度追求区别开来。

现在灵宝派虽已式微，但其对道教后来的整体发展影响巨大，其创始人葛玄在江西境内仍广受崇奉。如铅山的葛仙山至今香火旺盛，方圆上百里的乡民都供奉葛玄。

第二节 佛教

佛教入华始于西汉末年,由于朝廷的支持和官僚的信奉,到东汉明帝时已进入赣北地区。光绪《江西通志》记载江西最早的寺院就是彭泽县的安禅寺,创建于东汉永平年间,而浮梁县双峰寺则始建于汉元嘉元年。如果这个记载没有错的话,那么这两个寺庙将是我国最早的寺庙之一。佛教史籍中还记载有西域僧人安世高在恒帝建和初年到灵帝建宁中,在洛阳翻译讲经之余曾经南游豫章、浔阳、会稽等地,佛教在江西的传播已经有1 900多年的历史。

一、佛教在江西的早期活动、净土宗与慧远的传法

三国吴统治时期僧人深入赣中赣南腹地,曾新建了一些传播地点。这时期兴建的寺院有七所,其中五所兴建于东吴孙权赤乌年间,如庐陵的南塔寺、信丰的延福寺、庐陵的崇安寺、泰和的崇福寺和永新的松林寺。另外两所是庐陵的东山禅寺和分宜的福胜寺,前者修建于东吴建兴二年,后者修建于宝鼎年间。可见从东汉到吴的100年间佛教从赣北赣中到赣南,都有了传播基地,奠定了后来在江西社会广泛深入传播的基础。

两晋南北朝时期,江西境内佛教活动已经非常兴盛,新增佛寺达87所之多。散布在南昌、萍乡、吉安、崇仁、波阳、乐平、瑞昌、湖口、赣县、宁都等32个县内,形成了三个比较集中的区域。第一个是以南昌为中心,包括南昌、新建两县,共有佛寺十七所;第二个是以庐山为核心,包括九江、星子两县,共有二十一所;第三个则是波阳、余干,两地集中建有梁朝时期的寺院十四所。从当时的经济情况来考虑,这三个中心区都是江西开发最早、经济最发达的地区,可见佛教以及其他宗教传播也要以经济为基础。在上述三个中心区之中,又以慧远在庐山地区的活动影响最为深远。

慧远(334—416年),俗姓贾,东晋时人。出生在代州(今山西代县)一个世代书香之家。后居庐山,与刘遗民等同修净土,为净土宗之始祖。

慧远从小资质聪颖，勤思敏学，十三岁时便随舅父令狐氏游学许昌、洛阳等地。精通儒学，旁通老庄。二十一岁时，偕同母弟慧持前往太行山聆听道安法师讲《般若经》，于是悟彻真谛，感叹地说："儒道九流学说，皆如糠秕。"于是发心舍俗出家，随从道安法师修行。出家后入庐山住东林寺，领众修道。为道安的上座弟子，善于般若，并兼倡阿毗昙、戒律、禅法。因此中观、戒律、禅、教及关中胜义，都仗慧远而流播南方。

慧远曾与刘遗民等人在阿弥陀像前立誓，这是佛教史上最早的结社，这一结社的目的就是专修"净土"之法，以期死后往生"西方"。这成为中国净土宗的初源。根源于大乘佛教净土信仰的净土宗，因专修往生阿弥陀佛净土之法门而得名。其历史渊源在古印度佛教。不过，在古印度净土信仰和念佛法门并未成为一个专门宗派。在中国的佛经翻译事业中，来自古印度的佛教经典中有近百种佛经专门或者兼带谈到净土念佛法门。慧远在东林寺的结社与修法得到了当时的名士谢灵运等人的支持，谢灵运替他在东林寺中开东西两池，遍种白莲，慧远所创之社，遂称"白莲社"。因此，后来净土宗又称"莲宗"。净土宗是汉传佛教十宗之一。

慧远对东来佛教的本土化贡献甚大。其中的一个重要文献就是他在调和王权与佛门宗教利益冲突时所阐发的《沙门不敬王者论》。成帝咸康六年（340年），车骑将军庾冰指斥佛教僧侣蔑弃忠孝，遗礼废敬，伤治害政，提出沙门（僧人）应礼敬王者。安帝元兴（402—404年）年间，太尉桓玄又欲令沙门一律对王者尽敬，致书慧远，征询意见。慧远对此疑义提出自己的看法，并撰《沙门不敬王者论》5篇——《在家》《出家》《求宗不顺化》《体极不兼应》和《形尽神不灭》，系统阐述自己对当时出现的王权与佛教利益尖锐矛盾的看法。慧远认为在家信奉佛法的佛教徒应遵循礼法名教，敬君奉亲，服从教化；而出家修行的沙门则应有所不同，应高尚其事，不以世法为准则，不敬王侯，以破除世俗的愚暗，超脱贪着的妄惑，从而化导世俗，"协契皇极，在宥生民"。佛法与名教只是理论形式和实践方法的不同，根本宗旨是相通的，最终目的是一致的，"如来之与尧、孔，发致虽殊，潜相影响；出处诚异，终期则同"。两者互为补充，相得益彰，"内外之道，可合而明"。

在阐发佛教信仰的价值时，慧远针对神灭论者的批评，提出佛教的最高理想境界是"冥神绝境"，与世俗处于生死流转的情况相反，断绝生死，无境可对，使"神"达到一种不可知的超然境界；认为"神"非借助于形而成，它是"精极而为灵者""不能定其体状，穷其幽致"，因而也不能以语言表达。神和形虽各殊异，而相与为化则浑然一体；形是桎梏，神却有冥中转移的妙用，可以从某一形体相迭转附另一形体，有如火之可以由此薪传于异薪一般。薪有尽而火不熄，形有尽而神不灭。以此说明精神、灵魂是因果报应的承受者、超脱生死而成佛的主体。

慧远的学说竭力调和佛教与儒家礼教的矛盾，反对无神论，显示出中国佛教思想的鲜明特色，成为中国哲学史的重要部分。

二、五家七宗与江西禅门

江西是佛教禅宗的隆盛之地。禅宗在江西一花开五叶，成为佛教第一大宗。沩仰宗、临济宗、曹洞宗、云门宗和法眼宗，是为禅宗五宗；其中临济宗又分化出黄龙派与杨岐派两家，是为五宗七家。

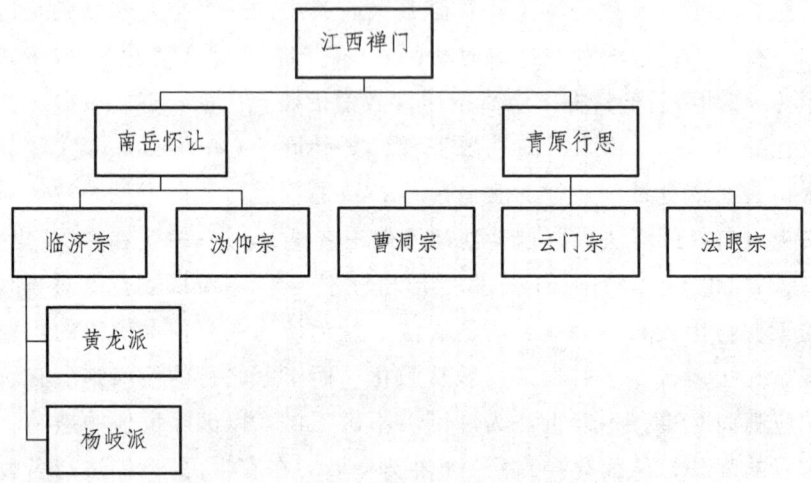

图 6-4　江西禅门的五家七宗谱系

南岳怀让

南岳怀让（677—744 年），唐代高僧，俗姓杜，金州（今陕西省安康市）人。禅宗六祖慧能弟子，其与菏泽神会、南阳慧忠、永嘉玄觉、青原行思并列为六祖慧能大师座下五大弟子。后弘法于南岳福严寺，成为六祖下弘传最盛的两大法嗣之一。其后出临济、沩仰两大宗支。

临济宗

临济宗的祖庭是黄檗山（鹫峰）的黄檗寺。黄檗山坐落在江西省宜丰县西北部的黄岗乡境内。黄檗寺，唐名灵鹫，断际禅师道场。断际禅师即希运（福建福清人），希迁禅师得奉新百丈山怀海禅师（720—814年）正传，于唐开成年间（836—840年）到宜丰黄檗山驻锡，宣讲自己所悟得的禅宗新法。希运是南宗第五世法孙，他继承了慧能的学说，主张"放舍身心，全令自在，心地若空，慧目自现，内无一物，外无所求"，发展出"当头棒喝"的方法来打破僧人的迷执。四方僧侣趋往问法者甚众。其僧徒义玄从希运学法33年，之后往镇州（河北正定）滹沱河畔建临济院，广为弘扬希运所倡启的禅宗新法。唐宣宗由宜丰深山中的黄檗古寺里的小沙弥一跃为大唐的皇帝之后，一改武宗灭佛的政策，大兴佛教，使黄檗希运、临济义玄一系发展迅猛，宗风半天下。后世遂称之为"临济宗"，而黄檗禅寺也因之成为临济宗祖庭。宋代，日本僧人荣西和俊芿先后来华学佛，将临济宗旨传到日本。至今日本、朝鲜、越南及东南亚诸国皆不乏临济信徒。

临济宗传至石霜楚圆（986—1039年）门下，又分出杨岐派、黄龙派。临济宗在宋代的发展传承，主要就是依赖这两脉的发展。

杨岐派

杨岐派也称杨岐宗，宋庆历年间（1041年），为杨岐方会禅师所创，是中国佛教禅宗五家七宗之一，属临济宗一派。其祖庭在江西萍乡市杨岐山普通寺（在今江西萍乡北），因而得名。杨岐方会（992—1049年），俗姓冷，袁州宜春（今属江西）人。少机敏善谈，及长，不喜从事著述。后为他人掌管税务，失职当罚，潜逃至筠州（今江西高安）九峰山落发为僧。赴潭州（今湖南长沙）参石霜楚圆，掌监院之事，得法后辞归九峰山，又至杨岐山住持普通禅院，大振禅风，世称"杨岐方会"。据《五灯会元》卷十九载，方会于楚圆门下时，自请为监院，辅佐楚圆不厌勤苦。扣参虽久，未有省发。再次咨参，楚圆就说："库司事繁，且去。"或说："监寺异时儿孙遍天下在，何用忙为？"一天，楚圆外出，正值下雨，方会侦得小径，截住楚圆，并扭住说："这老汉今日须与我说。不说打你去。"楚圆说："监寺知是般事便休。"语未卒，师大悟，即拜于泥途。问曰："狭路相逢时如何？"楚圆说："你且躲避，我要去那里去。"方会回来，第二天具威仪，诣方丈礼谢。从方会的悟道便可看出他身上禀有的临济气质，机锋动作齐施。

楚圆迁兴化，方会便辞归九峰山，道俗请于袁州杨岐山出世。九峰长老勤公是智门光祚之嗣，雪窦重显的同门，他不太了解方会，便说："会监寺亦能禅乎？"言语间透着不信任。方会升座问答罢乃曰："更有问话者么？试出众相见，杨岐今日性命在你诸人手里，一任横拖倒拽。为什么如此？大丈夫儿须是当众决择，莫背地里似水底按葫芦相似，当众勘验看么？若无，杨岐失利。"方会才下座，勤公把住说："今日且喜得个同参。"方会说："同参底事作么生？"勤说："杨岐牵犁，九峰拽耙。"方会说："正当与么时杨岐在前，九峰在前？"勤拟议，方会托开说："将谓同参，原来不是。"这样，方会初试牛刀，便锋利无比，名闻四方。

方会的禅学思想，是对临济思想的改造变通，既不失为临济正宗，又别有新意。他主张义玄那样的"立处即真"的自悟，说："立处即真，者里领会，当处发生，随处解脱。"（《杨岐方会和尚语录》）成佛总要自身体验，如实领悟。佛法无处不在，不必寻觅。因为"一切法皆是佛法，佛殿对三门，僧堂对厨库。若也会得，担取钵盂拄杖，一任横行天下。若也不会，更且面壁。"所以他坚持慧能禅法"直指人心，见性成佛"的宗旨，以此作为指示禅者的依据。"百千诸佛，天下老和尚出世，皆以直指人心，见性成佛。若向者里明得去，尽与百千诸佛同参，若向者里未能明得，杨岐未免惹带口业。""身心清净，诸境清净；诸境清净，身心清净。"

黄龙派

黄龙派开宗者为慧南（1002—1069年），因其住黄龙山（在今江西南昌）而得名。据史料记载，黄龙寺建于唐乾宁年间（859年），创建者为超慧。唐、宋两代于光化二年（899年）、元祐元年（904年）和祥符八年（1015年）曾三次旌表超慧和黄龙寺为"黄龙大德祖师""黄龙祖师"与"崇恩黄龙禅院"，故有"三敕崇恩禅院"之称。

宋英宗治平二年，洪州太守程公孟敦请临济名僧慧南入主黄龙寺，"传石霜之印，行临济三命"，创"生缘""佛手""驴脚""三关"，开看话禅之先河。"黄龙三关"的创设，从平常入手，步步为营，层层深入，环环相扣，启发学人，跳出窠臼，扫除执解，展示了慧南禅师所开创的险绝凌厉的禅风，也体现出其提携后学、造就僧才的苦心。

在慧南的影响下，其后高僧辈出，弟子及再传弟子则"横被天下"。据说慧南得法弟子83人，皆为名山大寺的住持，其中黄龙祖心、宝峰克文、东林常总三禅师门叶繁茂，时称黄龙三系，有"鹿野狐园，众千二百神僧"之说，其影响传遍海内外。而且这些高僧与朝廷权贵如宰相王安石、张商英和权臣徐俯、韩驹及名儒三苏父子，黄庭坚、杨时等相交甚厚，其中黄庭坚、苏轼、张商英更是黄龙寺的大居士、方外大弟子，可见当时黄龙寺的影响之盛、地位之尊。黄龙寺也正是在他们的扶持与倡导下风行全国。宋明理学大家周敦颐曾有"吾此妙心实启黄龙"之赞誉。

沩仰宗

沩仰宗为禅宗五家之一，因开创者灵佑和他的弟子慧寂先后在潭州的沩山（在今湖南省宁乡市西）和袁州的仰山栖隐禅寺（在今江西省宜春市南）举扬一家的宗风，故后世称为沩仰宗。仰山栖隐禅寺，古称仰山寺、栖隐寺、太平兴国寺、兴国古寺，位于江西省宜春市明月山风景区，是禅林五家七宗第一家的沩仰宗祖庭。

据《五灯会元》记载，沩仰宗的开创者灵佑是南岳怀让下三世，福州长溪人。十五岁依本郡建善寺法常律师出家，在杭州龙兴寺受具足戒，广究大小乘经律。二十三岁，到江西，参谒百丈怀海，怀海一见就赞许他，于是居参学之首。有一天，怀海对他说："汝拨炉中，有火否？"灵佑拨了一下，说："无火。"怀海走下座来亲自去拨，拨到深处，拨出了一点火，便举给灵佑看，说："此不是火！"灵佑即大悟礼谢，并陈述他的悟解。怀海说："此乃暂时歧路耳！经云：欲识佛性义，当观时节因缘，时节既至，如迷忽悟，如忘忽忆，方省己物不从他得。故祖师云，悟了同未悟，无心得无法，只是无虚妄凡圣等心，本来心法元自备足，汝今既尔，善自护持！"元和末（820年），他遵怀海之嘱，到沩山去开法。沩山极其峻峭，人烟稀少，于是杂在猿猱之间，拿橡栗作食粮。后来山下的居民稍稍知道他，就来帮助他营造起一座寺宇。到唐武宗（841—846年）毁寺逐僧，灵佑匆遽间把头裹起充作普通农民。大中初（847年），湖南观察使裴休把他迎出来，重到所住的地方，连帅李景让启请朝廷命名同庆寺。裴休去访他，和他问答，深契玄旨，自此禅风大振。四方来山参问的禅人渐多，灵佑于是提倡垦荒开田。当时住下僧众多到一千五百人，法嗣四十余人，而以仰山慧寂、香严智闲为上首。灵佑敷扬宗教，凡四十余年，于大中七年敷座怡然而寂。关于他的言行，有《潭州沩山灵佑禅师语录》一卷。

  他的弟子慧寂和他一样，开示大众说："汝等诸人，各自回光返照，莫记吾言。汝无始劫来，背明投暗，妄想根深，卒难顿拔。所以假设方便，夺汝粗识，如将黄叶止啼，有什么是处？"又说："我今分明向汝说圣边事，且莫将心凑泊，但向自己性海如实而修，不要三明、六通。何以故？此是圣末边事，如今且要识心达本。但得其本不愁其末，他时后日自具去在。若未得本，纵饶将情学他亦不得。汝岂不见沩山和尚云：凡圣情尽，体露真常，事理不二，即如如佛。"慧寂（814—890年）是韶州怀化人，出家后没有受具足戒就到各处参学，初谒南阳慧忠的侍者耽源道真，道真对他说："国师（慧忠）当时传得六代祖师圆相，共九十七个，授与老僧，……我今付汝，汝当奉持。"慧寂接过来看了一下就把它烧掉。后来到沩山，参灵佑，灵佑问他："汝是有主沙弥，无主沙弥？"慧寂说："有主。"灵佑说："主在什么处？"慧寂从西边走到东边站着，灵佑知道他和常人不同，便加以开示。既而慧寂问："如何是真佛住处？"灵佑说："以思无思之妙，反思灵焰之无穷，思尽还源，性相常住，事理不二，真佛如如。"慧寂于言下顿悟，从此执侍，前后十五年，开沩仰一宗。慧寂传受灵佑心印之后，率领徒众住在王莽山，既而迁到仰山，学徒奔凑。

  在禅宗五家中，沩仰宗兴起最先，衰亡也较早。慧寂的法嗣有西塔光穆、南塔光涌等十人。光穆传资福如宝、宝传资福贞邃，前后四世而法系不明。光涌也只传芭蕉慧清，清传遑州继彻而绝。此宗的法脉，大概历时一百五十年。

青原行思

青原行思（671—740年）为禅宗七祖。俗姓刘，唐佛教禅宗高僧，庐陵（吉安）人，慧能大师门下首座，与菏泽神会、南阳慧忠、永嘉玄觉、南岳怀让并列为六祖慧能大师座下五大弟子。后弘法于吉州青原山静居寺，为六祖下弘传最盛的两大法嗣之一。行思自幼出家，生性沉默，同修们每次聚集论道，行思皆默然自照。武则天万岁通天二年（697年），行思闻曹溪法盛，遂前往参礼。行思初见六祖时，六祖从与他的对话中得知，行思已经证得了般若空性，泯灭了有无、凡圣、真俗、生死涅槃、烦恼菩提等二边分别，于是对行思十分器重。当时，六祖座下徒众很多，而行思禅师却独居徒众之首，其修证境界，犹如当年二祖不言，达摩便谓他"得髓"一样，足见他已得六祖之髓。和南岳怀让相似，青原行思自己也于世不闻，但其弟子们却大弘其禅法，法席大盛。希迁门下的惟严，传法于昙晟，昙晟传良价。良价于大中末年开始，在新丰山接引学徒，后移豫章高安之洞山弘化；他的弟子本寂，居抚州（江西抚州）之曹山传扬师说，后移宜黄，师徒共创"曹洞宗"。而青原行思的另一支道悟，传崇信、宣鉴而至义存，在福州象骨山雪峰创建禅院，得到福建地方州帅扶植，经常徒众不下千人，唐懿宗赐号和紫袈裟。他的弟子文偃去韶州云门山（广东乳源县北），受到广州地方官支持，形成"云门宗"。义存的另一弟子师备经桂琛而至文益，先居临川（江西抚州）开堂，南唐李璟迎住金陵清凉寺，死后李璟追谥为"大法眼禅师"，遂成"法眼宗"。因此之故，吉安青原山净居寺被认为是云门、曹洞、法眼三宗的祖庭。

曹洞宗

曹洞宗的祖庭洞山位于江西省宜丰县东北。公元857年，高僧良价禅师于此创建普利寺，开堂宣讲他的禅学新义，四方僧侣纷至，日本瓦室能光和尚也来此拜师。良价弟子本寂最得真传，后于曹山（今江西抚州市宜黄县）阐发良价旨义，于是创立了曹洞宗。该宗也被称为洞家，以洞山良价为宗祖。宗名之由来有二：一说洞指洞山，曹指曹山，乃合师良价所住之江西宜丰县之洞山与徒本寂所住之吉水县之曹山之名，本应称洞曹宗，习惯于称曹洞宗；另一说取曹溪慧能之曹与其法孙洞山良价之洞，合称为曹洞宗。取六祖曹溪慧能，系以此表明本宗乃六祖正风之嫡传。

所谓曹洞五位，有正偏、功勋、君臣、王子等四种，其中正偏五位、功勋五位都是良价的创说，君臣五位、王子五位则是曹山本寂所立。此五位说的根本思想宗旨，是曹洞宗用以阐释真如与现象世界的关系问题的方便说教。在曹洞宗看来，万事万物之间存在着一种"回互"与"不回互"的关系。所谓"回互"就是指万事万物是互相融会贯通的，虽然万物的界限脉络分明，但此中有彼，彼中有此，互相涉入，不再区别彼此；"不回互"就是说万物各有自己的位次，各住本位而不杂乱。因此，所谓"回互""不回互"即是要从事物普遍联系、发展和变化的观点看问题，这是一种禅对理事关系的哲学思辨，是对辩证法的天才的猜测，属于朴素、自发辩证法的范畴，也正由此曹洞宗便成为禅宗诸派中哲学思辨味最浓的一派。曹洞五位说这种以"回互"理事圆融为核心的思想，其渊源可上溯到石头希迁。希迁大约十三四岁时曾拜谒过慧能，但不久慧能示寂，他便在慧能生前"行思去"的启示下去投靠行思。希迁辩对问答，敏捷承当，颇得行思首许，得法印可，随后至南岳结庵而居，住寺南台寺东石台，传法接众，名声远播，后人称之为"石头和尚"。他示寂后曾有著作《参同契》流传后世。据载他是因读《肇论》中的"会万物为己者，其唯圣人乎？"一句而有会于心，写成一篇《参同契》，以说明理事参同回互。曹洞宗风在以坐禅向上一路，以探究学者心地为接机之法，即所谓"曹洞用敲唱"，师家应学人之敲而唱之，其间不容毫发。自称其法门不论禅定精进，仅须了达佛之知见即是"即心即佛"；心佛众生，菩提烦恼，名异体一。

云门宗

云门宗因开山祖师云门文偃禅师（864—949年）而得名，略称云宗，属南宗青原法系。文偃住韶州（广东）云门山光泰禅院，后唐长兴元年（930年）以后，大振禅风，因取其山名宗。文偃初参睦州道明，后谒雪峰义存得宗印。道明之宗风峭峻,不容拟议;雪峰之宗风温密,可探玄奥。文偃得此二风,更自发挥独妙之宗致,故机辩险绝,语句简要,如电光石火,而每有千钧之重。云门宗宗风陡峻,以简洁明快、不可拟议的手法破除参禅者的执着,返观自心。《人天眼目》卷二云:"云门宗旨,绝断众流,不容拟议,凡圣无路,情解不通……孤危耸峻。"云门曾作颂示学人:"云门耸峻白云低,水急游鱼不敢栖。入户已知来见解,何劳再举轹中泥。"充分表露了云门宗耸峻、机用迅疾、不容拟议的特性。犹如天子诏敕,一次即决定万机,不得再问,令人毫无犹豫之余地,因而又有"云门天子"之称。云门宗既不像临济宗那样棒喝峻烈,也不像曹洞宗那样叮咛绵密,而是以激烈言辞,指人迷津、剿绝情识妄想,故有"云门天子""临济将军""曹洞土民"之称。

云门宗的要义与菁华集中体现于"云门三句"。文偃曾示众:"函盖乾坤,目机铢两,不涉万缘,怎么生承当?"众人无对,遂自答:"一镞破三关。"函盖乾坤"指绝对真理遍布天地之间,函盖整个宇宙;"目机铢两"指师家为断除学人烦恼妄想,超越语言文字,促使学人内心顿悟;"不涉万缘"指师家应机说法,施行活泼无碍的化导。后来云门法嗣德山缘密汲取云门三句精髓,改其语为"函盖乾坤""截断众流""随波逐浪",禅林或称之为德山三句。云门宗在北宋时相当活跃,与临济宗并驾齐驱。文偃弟子有香林澄远、德山缘密等,而以澄远为上首。澄远传智门光祚。光祚门风险峻,弟子众多,著名的有雪窦重显、延庆子荣、南华宝缘等,进入云门"中兴"时期。云门宗自南宋起开始衰微,至元初其法系已无从查考。

法眼宗

法眼宗为五代文益禅师所创,源出南宗青原一脉。因南唐中主李璟在文益圆寂后谥之为"法眼大禅师",后世遂以"法眼宗"名之。法眼宗是中国佛教禅宗"五家七宗"中最后产生的一个宗派,先后历经了文益(885—958年)、德韶(891—972年)、延寿(904—975年)三世,嫡嫡相传,在宋初极其隆盛,后即逐渐衰微,到宋代中叶,法脉已断绝,其间不过一百年。

文益(885—958年)是青原下第八世,余杭人,七岁依新定智通院全伟出家，后来到明州鄮山育王寺从律师希觉学律，兼探究儒家的典籍。后来历览长江以南的丛林，到临川，住在崇寿院，开堂接众。南唐建国后，迎请他到金陵，住报恩禅寺，署号净慧禅师。既而迁住清凉寺，前后三坐道场，诸方丛林都遵循他的风化，有仰慕他的声望从异域跋涉而来的。关于文益的言行，有《金陵清凉院文益禅师语录》一卷及文益自撰《宗门十规论》等。

德韶（891—972年），处州龙泉人（一作缙云人），十五岁出家，后唐同光年中（923—925年，一作后梁开平年中，907—910年），到诸方参访，历参投子大同等五十四位善知识，都不契。最后到临川，谒文益，倦于参问，但随众而已。有一天，文益上堂，有僧问："如何是曹溪一滴水？"文益说："是曹溪一滴水。"德韶在座侧闻之，豁然开悟。既而往游天台山，停留白沙，吴越钱俶当时在台州做刺史，延请问道。后汉乾祐元年（948年），钱俶继承王位，遣使迎请，尊为国师，开堂说法。曾劝王遣使新罗，取回散落的天台教籍，使文献获全。后住通玄峰顶，有偈示众说："通玄峰顶，不是人间，心外无法，满目青山。"文益闻之云："即此一偈，可起吾宗。"又在般若寺开堂说法十二会。宋开宝五年（972年），于莲华峰圆寂。有语录行于世（多佚）。法嗣四十九人，以延寿为上首。

延寿（904—975年），余杭人，二十八岁时依雪峰义存的法嗣翠岩令参出家，既而往天台山，在天柱峰下习定九旬，又往谒德韶尽受玄旨，后周广顺二年（952年），住在明州的雪窦山，学人很多。宋建隆元年（960年），应吴越王钱俶之请，住杭州灵隐山的新寺为第一世，第二年又应请移住永明寺（今净慈寺），参学的大众有两千多人。他著有《宗镜录》一百卷、《心赋注》四卷及《唯心诀》一卷等书，阐扬文益的尽由心造之旨。延寿住在永明十五年，度弟子一千七百人。法嗣有富阳子蒙、朝明院津两人。

作为宗派，法眼宗的传承历史不长，但它的几位祖师都是吴越地区学修并重的高僧，"对病施药，相身裁缝，随其器量，扫除情解"（宋·晦岩智昭《人天眼目》卷四）。简明处类似云门，细密则类似曹洞，其接化学人的言句似乎很平凡，而句下自藏机锋。宋代的越山晦岩智昭说："法眼宗者，箭锋相拄，句意合机，始则行行如也，终则激发，渐服人心，削除情解，调机顺物，斥滞磨昏。"

洪州禅

洪州禅是中国禅的典型，它的代表人物是开创者马祖道一和其弟子百丈怀海。天宝元年（742年），马祖道一住建阳（今属福建）佛迹岭，开始聚徒教化，开堂说法。不久，迁住临川（今江西抚州）西里山，旋移南康（今属江西）龚公山。郡守河东裴某"躬勤谘禀。降英明简贵之重，穷智术慧解之能"（《宋高僧传》卷十《道一传》）。大历（766—779年）中，移住洪州（今江西南昌）开元寺，此后便以洪州为中心展开创宗立派活动，直至入灭。其时，"连帅路嗣恭聆风景慕，亲受宗旨。由是四方学者云集坐下"（《景德传灯录》卷六）。禅宗史上著名的洪州禅即形成于此时。马祖道一门风盛极，弟子众多。《祖堂集》谓："大师下亲承弟子八十八人，出现于世及隐遁者莫知其数。"《古尊宿语录》及《景德传灯录》称："师入室弟子一百三十九人，各为一方宗主，转化无穷。"概观道一及其弟子之世，洪州禅已在南方形成一大系统。《宋高僧传》卷十一《太毓传》说："于时天下佛法极盛，无过洪府；座下贤圣比肩，得道者其数颇众。"

百丈怀海主持新吴（今奉新）百丈山百丈寺法席时制定了著名"禅门规式"，又称百丈清规。"禅门规式"继承了印度的戒律精神，而本着随方毗尼的原则加以适当的变革。随方毗尼，是说戒律（毗尼）可随各地之风土习俗而有开制、缓急之别。随风俗民情之需，对戒律可斟酌取舍。即戒律中佛陀未禁止之事、未开许之事等，得随顺地方之风土、气候等而斟酌开许废止。"百丈清规"面世之后，很得僧俗两界重视，宋代翰林学士开国侯杨亿述在"序"中称"详此一条制，有四益。一不污清众生恭信故，二不毁僧形循佛制故，三不扰公门省狱讼故，四不泄于外护宗纲故"。应该看到，百丈清规是应禅宗教团的出现和不断壮大的形势而出现的。可以说，没有禅宗僧团的出现，也就没有百丈清规的出台。而百丈清规的制定，又为禅宗僧团的发展提供了制度上的保障，这可说是禅宗僧团存在和发展的根本保障。禅宗的真正崛起，是以清规的创建为主要标志；而清规的制定，又对禅宗寺院的普遍兴起起到了根本的推动作用。正是禅宗的特别教育法，使百丈禅师创建了禅宗特色的清规，而百丈清规又使禅宗的特别教育法得到了顺利的实施。因此，当"百丈清规"

制定后,很快风行江西,广及全国。从唐至宋而元,多有增删,诸本杂出。到元元统三年(1335年),百丈山大智寿圣禅寺住持释德辉奉敕重编"百丈清规",大龙翔集寺住持释大䜣校正,《敕修百丈清规(八卷)》面世。

第三节 民间信仰

信巫、信神、信风水堪舆是江西地方文化的一个重要特点。在赣地风俗的演变过程中,这些特点逐渐沉浸江西地域文化中,成为最具特色的民间信仰活动。

一、巫傩之风

江西自古就有好巫傩的记载,商周时聚居于赣江和鄱阳湖流域的三苗(或扬越)后裔,创造了灿烂的江西青铜文化。新干县大洋洲商墓出土的青铜双角神人面具,透露了江西傩俗的原初形态的信息。此后,江西的原始巫风在中原文化和吴楚越风习的共同熏染下演化成一种具有浓厚生活气息的民俗信仰活动。延至秦汉,巫傩之风甚至登堂入室,成为军国大事的一部分,据说汉初长沙王吴芮奉命征伐闽越,驻兵南丰军山时,为避"刀兵之灾"曾告诫乡民"传傩以靖妖氛"(抚州市南丰县《金砂余氏族谱·傩神辨记》)。到了三国时代,关于江西地域内的巫傩崇奉已经被时人明确下来:"《宣城记》云,洪矩吴时作郡庐陵,载土船头逐除。"(南朝梁·宗懔《荆楚岁时记》)所谓"载土船头逐除",实际就是以巫术活动进行驱邪,暗合了"傩人所以逐疫鬼"的逐除习俗。种种巫风不但充斥于江西人的日常物质生活,还进一步深入民俗构成江西人的精神生活的重要环节,南朝范晔的《后汉书》曾记载南昌人唐檀少游太学"习《京氏易》《韩诗》《颜氏春秋》,尤好灾异星占,后还乡里,授教常百余人"。同书的《栾巴传》甚至专门提到当时的豫章太守栾巴不但崇巫,甚至还多以巫术参与州郡治理:"(栾)巴素有道术,能役鬼神,乃悉毁坏房祀,剪理奸巫。于是妖异自消。百姓始颇为惧,终皆安之。"

崇奉巫傩之风在江西扎根之后，其生命力并未因中原文明的进入而有所消退。南丰《金砂余氏族谱》记载，余氏为避唐末战乱，由余干迁徙至南丰，宋初将祖先在四川为官时崇奉的西川灌口二郎清源真君神像迁至金砂（现紫霄镇黄沙村），"立庙奉祀，岁时香火，遗其制曰'驱傩'"。垂至明清，江西民俗中号傩信巫的习俗更是繁荣，江西30多个县市有乡傩记载或遗存：赣东以南丰为最，清末至今有180多个村庄组建过傩班，现仍有"跳傩""跳竹马""跳和合""跳八仙"等113班。乐安有"滚傩神""戏头鼓"和"玩喜"，崇仁有"面仂公"和"跳八仙"，宜黄有"跳傩"，广昌有"孟戏"和"跳魁星"，黎川有"跳和合"与"跳八架"，抚州、南城、金溪也有傩俗记载。赣西数萍乡最多，傩舞称"仰傩神"或"耍傩案"，傩庙、傩面、傩舞谓之"三宝"。万载称"跳魈"或"搬案"，还分成了"闭口傩"和"开口傩"两种流派。宜春亦有"闭口傩""开口傩"和"旁白傩"之分。遂川流行"斗牛舞"。赣西北的高安和上高有"逐疫"，靖安和奉新名"掸傩"，修水叫"傩"，武宁唱"傩歌"，德安"行傩礼"，瑞昌有"神傩"，都昌谓"逐疫"，彭泽亦有"赶花猫"是傩俗。赣东北以婺源有名，傩舞称"跳鬼"，清代有36傩班、72狮班之说。浮梁有"五举戏"，先跳傩，后舞狮。

江西地方文化中信巫之风不仅见于广泛存在的傩俗，亦散见于各地的农事。江西有浓重的重农习俗，阖省之内的江西人以种种民间信仰活动展现着对于农业与农事活动的重视。

一年之计在于春。春耕伊始，为求得所播谷种按季节出苗且能够出好苗，赣南安远的农民们自古以来就有在农历二月初二日办酒敬神的习俗（俗称起社）。按照习俗，主持起社的必须是乡村中最有威信的老者。仪式初始，主持者邀请十多户人家，安排一户牵头，然后由各户抓阄确定分月做社，按照所抓到的月份办事，一直轮流做东下去，一直延续到十二月初二圆满结束。做社时，首先是准备香烛、纸爆、三牲供品祭祀本村范围内的山神、土地神、社公神等诸神。事毕之后，做社成员即到本月牵头做社的人家去，共进晚餐，磋商农事。

春耕伊始的习俗，在赣北的靖安农村则另有一番情景。从选种到下秧，靖安的农人们在悠久的历史中遵循着一整套具有神秘意味的仪式来祈求神秘的庇佑：在耙完秧田后，仪式的第一个环节是将耙夹子（夹在耙齿上的竹片）和牛鞭插在秧田旁边的田埂上，据说只有这样，下秧后牛才不会下田踩秧苗；仪式的第二个环节则是下种时，秧田边要插三支香，烧三张纸，唯如此方能得到神秘的"秧神"的庇佑；仪式的第三个环节发生在播种之后，完成播种的农人必须寻找到一些枫树枝插到秧田的四周，防止秧田长苔并预示本季的丰收；最后的环节是插秧之时，农人们要在出秧的秧田中放一个盛有一碗米饭的小凳，祈求神秘的五谷神保护稻秧，让鸟雀再也不能偷吃稻谷。在整个仪式流程之中，还有一个神秘的准则，即"甲不开仓，乙不栽种"，也就是说，在开仓选种之时必须选择天干不是"甲"的日子，而下种和插秧之时又必须选择天干不是"乙"的日子。

插秧过程中的巫风还飘荡在赣中吉水的农村。首先是插秧的吉时要预先选定，而一旦择定时日则不能再有变易，谓之"莳田嫁女，不避风雨"。然后，到了选定的吉时，农人们公推一位年高德昭的老农，由他到田头上焚香祭酒，颂唱被认为具有神秘力量的咒语："后稷（众人和词喊'好'），天开禾运大吉祥，插秧时刻正相当，秧好一半禾，五谷装满仓。敬请神农大力相助，雷公风婆一齐帮忙，将秧苗插下田，急急如律令——敕。"在轰鸣的爆竹声中，颂完咒语的老农还要向田中秧苗喷上一口酒水，然后从秧田中拔起第一把秧，预示仪式完成。吉水的农人们相信，只有在举行了这样一套洋溢巫风的神秘仪式之后，拔秧插秧的活动才能真正开始。

类似的巫风在赣西的樟树也有与闻，这就是"送开秧门饭"。樟树农人在拔秧之前，先要在秧田的上方祭拜，点香、烧钱纸、放爆竹，然后再朝南作三个揖。这时，妻子会递来一小碗放着一片腊肉、一片干鱼、一瓣咸蛋、一杯封缸酒的饭，丈夫要将之高举过头并念诵："秧秧禾禾快快长，秧秧虫虫快快走……"再将饭倒入田角空处，最后还要下田拔四扎秧上岸，这时才算完成了仪式，可以正式开始拔秧插秧。

在赣中的临川县，农民为求稻苗不受虫害，还把青蛙当神敬奉。他们认为蛙中通体青绿的一种，是蛙王、蛙神，绝对不能捕食，而且要小心地捉来家中，装在一个水罐内，安放在厅堂祖宗牌位下的案桌上，岁时和"天地君亲师"同等享受供奉。甚至直到20世纪中期，大人们仍然向小孩子进行这种敬青蛙的教育,城内居住不种田的人家也不例外,只不过瓦罐改成了玻璃罐,青蛙的神态更清晰可见。

农事之外的巫风亦不少见。就在赣西北,万载的农人每当立春到来之前都要准备红纸包裹好的四片干净的大青菜叶、两根或四根蒜和葱以及若干根芹菜,分别放在四个碟子里,一字排开,放在正对大厅口的一张桌子上以为祭品。同时还要准备一个鸡蛋和一挂鞭炮。到立春的那一刻,鞭炮齐鸣、香烟缭绕的同时,人们还要将早已准备好的鸡蛋轻轻竖放在桌上占验福祉与否,并认为只有鸡蛋保持直立一段时间才能证明得到了庇佑,才算是接春成功。

二、崇拜神灵

江西人不但崇奉巫傩文化,亦多托庇于神灵。在将对未知事物的恐惧宣泄于巫傩习俗的同时,江西人在"尚鬼好祀""俗信鬼神,好淫祠"风习的驱使下也理所当然通过种种民间信仰活动表达他们对神灵的无限敬畏和祈求福祉的强烈愿望,并由此产生了浓厚的宗教心理和氛围。

自古以来,江西的名山大川、风景胜地,就是江西人追慕神仙、崇信方士和黄老的重要活动场所。影响所及,江西有了许多与神仙活动有关的场所与记载,如贵溪龙虎山、樟树阁皂山、九江庐山、萍乡武功山、宁都金精山、峡江玉笥山、新建西山、南城麻姑山、宁都华盖山、上饶灵山等。

对于神仙的信仰不但见之于山水间的佛寺道场,亦见于百姓的生活日用。

赣中的吉水县,立春之际要扬神(迎神)。具体过程为:各村在立春之前要设坛请神,即把画有龙船的图腾从江边或小溪畔以爆竹接来,置于祠堂门口(春口)。供桌上摆着猪、牛、羊三牲,爆竹声中闹龙船。族长手舞足蹈,高声唱道:"龙祖船,龙祖船,龙祖出来保平安。"其时,将准备好的圆形米果12块,分别写上"1"~"12"的字样,表示12个月,武火猛蒸,根据米果上冒出水汽的多少,预兆各月的雨水量,这叫"蒸果求雨"。其中穿插打龙灯、耍狮灯、闹花灯、朝春拜(菩萨出行)、吃"菜酒",然后送神。族长举起神火,每户用火把接燃,然后送到自己的田地里去，燃着田地里的野草、枯禾兜。霎时，田野烟火熊熊，雄伟壮观。扬神活动既是娱神娱人的活动，又为春耕拉开了序幕。赣西北铜鼓县棋坪乡石井窝有一"泉神"，每当久旱无雨，农民们便向泉神求雨。他们选派一个代表，带着祭品和香纸、鞭炮，以及装水用的瓶子，前往石井窝，虔诚地向泉神祷告，请求降雨。祈祷完毕，从泉神井里装两瓶水，选一"花红"（人们祭神的花布），一起带至家中，放在神台上供奉，每天点香烧纸。待下雨后，村民又集资购买香烛、鞭炮和山羊等祭品，带上水和那块"花红"送到石井窝，祭祀泉神，表示谢意。宜春农村尝新时都要先敬神。敬神时，饭桌的上首摆三碗酒，下首摆三碗饭，每只饭碗上要搁一双筷子。还要到菜园里摘一把新出的蔬菜，到田里摘一把稻穗摆上。然后插香烧纸钱，放鞭炮。家庭主妇则在厅门口小声地请五谷神、土地神，以及家中死去的亲人，回来吃新米饭。这些敬神仪式结束后，一家人才开始吃饭。在赣南安远县农村，若有稻瘟发生，农户便会磋商敬神，请道士作法事。他们焚香、点烛、杀猪、摆供，祈求苍天及山神、社官、土地公及其他神灵保佑，使稻禾转危为安。入夜，人们举着插有香火的龙灯在田间小径舞耍；次日，再烧毁，称之为"打香火龙"。有的地方为驱稻瘟，抬村中神像置于田中，众人持燃烧着的火把，在田埂上奔跑呼喊以驱瘟。瑞金的农民会在蝗灾发生时抬出俗称"禾苗仙"的"仙太娘娘"金身，到屋场、田埂巡游，请她察看虫情，以便施法消灭蝗灾。而安远的农民不但要到庙里求神，还要组织年轻人抬着草龙到田埂去巡游，口念："龙灯出埂游，害虫别处走；龙灯到处游，年年保丰收。"游毕，将草龙放在神主庙前焚毁，并念道："龙灯化纸钱，害虫上西天。"崇义县农村祈雨时，村村鸣锣，晓谕各户不要在此时挑尿桶下地，免得污秽龙王，使龙王不高兴。各户点烛焚香，对天叩头祭拜，祈求龙王适时行云布雨。

三、酷好风水堪舆

所谓堪舆，即风水之术。孔子曾说"敬鬼神而远之"，江西民俗却素以堪舆星相等术数周行天下，游方求食。

对于堪舆，古代典籍《诗经》《礼记》《淮南子》都有记述。经商周而至秦汉，堪舆术逐渐成形，至魏晋而臻于完备。观风水，选基址，由生人居住的房屋庭院（阳宅），延伸到安葬死者的墓穴（阴宅）；理想的选择，由物质性的实在内容，演变增进到精神性的未来追求；从山河地形利于安全与健康，发展到去凶来吉、企盼富贵、庇佑后代。唐宋时代堪舆盛行，出现不同的流派，以杨筠松为首的江西派即"形势派"（一作"形法派"）弟子众多，影响最为广泛。

江西风水术相地强调水流山势。托名晋人郭璞所著的《葬书》称：葬人是为了让死者借地中的生气与子孙的生气发生感应；若是地中生气被风吹即便消散，若遇水阻隔便会固止。因此，堪舆之术又称看风水。

江西人从事堪舆术，到南宋风气已经很盛，元代大学者吴澄的说法是："极于宋末，儒之家家以地理书自负，途之人人以地理术自售。"儒士官绅崇尚风水，必然影响到平民百姓，成为全社会的风俗。南宋吉水罗大纲对江西堪舆的批评也侧面透露出当时堪舆之盛行："世之人惑（郭）璞之说，有贪求吉地未能慊意，至十数年不葬其亲者。有既葬以为不吉，一掘未已，至掘三掘四者。有因买地致讼，棺未入土而家已萧条者。有兄弟数人惑于各房风水之说，至于骨肉化为仇雠者。"

元代崇仁吴澄对此风俗亦有描述，称时人好风水，贪高官而甘愿付巨额定金："若曰某地可公、可侯、可相、可将，则术者倡是说以愚世之人，而要重赂焉者也。"

如此盛行的堪舆术，在清代仍强劲不衰。江西民间普遍重视建房选址，葬必择穴。种种现实的吉凶祸福、兴衰际遇，都被认作墓穴风水所致。于是，有的人死不葬，停棺多年，非寻到风水宝地不可；有的葬了又开挖，捡起骨骸（俗称"捡金"），换地再葬；更有侵占别家坟地，掘了他人老坟，引起争讼，结下仇怨……弊害丛生，招致社会反对。宁都县公认地方积弊应禁十三条中就有"禁发冢盗葬，窃取坟砖"，因为"狡猾之徒，每贪图吉穴，谋占坟山，往往废冢移棺"，而"无赖之辈则乘夜窃取坟砖，白日肩负各处售卖"。公告言明"一经发觉，即按律治罪"。德兴县人指出，邑俗"最惑者溺风水说，贪求吉地，久未安厝"。

第七章
江西的红色文化

江西是一片有着悠久革命传统的热土。早在大革命时期，江西就涌现出了非常多的革命志士，构成江西红色文化的最早区块。南昌城头的枪声，在唤醒人们投入轰轰烈烈的革命斗争的同时，也为这块革命的土地再一次注入强大的红色文化基因，催生了八一精神。第一次国内革命战争时期的井冈山斗争指明了中国革命的道路，又为江西的红色文化传承打上了井冈山的标签。中央苏区的建立和中华苏维埃政权的成立，不但壮大了革命队伍，也铸就了江西红色文化的辉煌与荣耀。

第一节　大革命与江西

1924年1月，国共合作的实现，不仅促进了工人运动的高涨，也推动了江西农民运动（以下简称农运）的发展。特别是北伐战争江西战场取得胜利后，农运更是得到了蓬勃的发展，至1927年夏，全省70余个县建立了农协组织，农协会员超60万人，农运规模更是位居全国第四。

1924年国共第一次合作后，江西地方党、团组织创始人赵醒侬、方志敏、袁玉冰等人，在开展工人运动的同时，根据农民占江西人口总数85%以上的实际情况，开始开展农民运动。他们以办夜校的形式，派遣共产党员回家乡宣传马克思主义，提高农民阶级的觉悟，秘密发展农民党员，建立农民协会。据《南昌人民革命史》记载，1924年7月，中共南昌地方组织负责人赵醒侬等来到南昌近郊扬子洲塔头，秘密进行革命活动，向农民宣传党的"减租减息""耕者有其田"政策。根据上级党组织关于尽快把农民组织起来、发展农民运动的指示，赵醒侬等认为扬子洲的条件比较成熟，遂决定将其作为首先开展农民运动的地方。1924年11月，赵醒侬、方志敏在扬子洲建立农村基层党组织，并组建全省第一个农民协会——扬子洲农民协会。

随着扬子洲农协的建立，赣县、南康、吉安、新建、九江、永修、弋阳、都昌、乐平、鄱阳等地方的农民运动也在这种模式上发展起来。据江西省委组织部编写的《中国共产党江西省组织史资料》记载，北伐军到江西之前，江西有永修、都昌、吉安、万安、弋阳、星子6个县建立了农民协会，而全省有区农协28个，乡农协128个，会员6172人。发展起来的农民运动冲击了北洋军阀羽翼下的江西封建地主阶级的反动统治，初步显示了党领导下农民运动的巨大力量，为农民运动高潮的到来奠定了基础。

1926年9月，北伐军兵分三路向江西进军，江西农民以帮助侦察、引路、输送军需、供给饮食、直接参加战斗等形式支援北伐军。11月北伐军攻打南昌城时，工农群众带领北伐军从城门旁水沟爬进城内，助力攻破德胜门。时任北伐军总政治部副主任的郭沫若曾说："江西同胞对于革命军非常欢迎，而农民尤甚，帮助革命做的工作比其他省更多……较之各界的人民其功尤大，所以革命军到江西能如此之快。"

《江西通史》中记载，北伐军进军和攻占江西，反过来也极大地促进了民众运动的发展。"当时有所谓四法团，如省议会、总商会、省教育会、省农会者，则不过军阀之应声虫耳。"此前在军阀压制之下，民众不敢建立任何组织。北伐军攻克南昌后，北洋军阀在南昌的组织立即被解散；同时，在党政当局支持下，相继组建各类新的民众团体，民众运动遂勃然兴起。

据了解，北伐军攻克南昌城以后，农民运动逐渐由秘密转向公开，并得到快速发展。1926年11月，全省农民协会会员发展到5万人。11月19日，江西农民运动协会筹备处在南昌百花洲成立。筹备处在临川、吉安及赣州分设赣东、赣西、赣南办事处，迅速建立起对全省各县农运的联系和领导，并积极筹建省农民协会。到1927年2月，全省农协会员发展到30多万人。

为加强对农运的领导，1926年11月，中共中央决定成立由毛泽东任书记的中央农民运动委员会。在毛泽东的主持下，中央农委决定以湖南、湖北、江西、河南四省农运为重点，同时在陕、川、桂、闽、皖、苏、浙等七省全面推动农民运动。

11月26日，中共中央农委书记毛泽东到达南昌，相继会见第六军党代表林伯渠、第二军代军长鲁涤平和副党代表李富春、江西省党部和省农运负责人方志敏等，商谈开办农讲所和选派学员、筹集经费问题。随后江西选派了150多名学员赴武昌农讲所，并选派王礼锡、龙式农参加武昌农讲所筹备处工作，之后又决定由通志局每年拨款13.5万元作为省农协经费。

据史料记载，在中共中央和江西临时政权的重视和支持下，1927年2月20日至2月28日，江西省第一次全省农民协会代表大会在南昌举行。大会在方志敏等的主持下，通过了《江西省农民协会章程》等35项议案，提出各县农协应与县政府、县党部及各民众团体共组特别法庭审判土豪劣绅，组织农民自卫军、废除苛捐杂税等。大会在毛泽东的支持下，挫败了国民党右派圈定执行委员的企图，产生了以方志敏等为常委委员的执委会，并由方志敏兼秘书长。

据了解，省农协成立后，省、县的农民自卫军及自卫队先后得以组建，作为农民机关刊物的《江西农民》也得以出版，这让江西农运不仅有了直接的领导机关和言论阵地，而且呈现出更大规模的发展态势。

1927年3月，成立一个月的省农民协会在方志敏的领导下派出149名农运骨干赴武汉中央农讲所学习。4月，省农民协会又在南昌系马桩创办江西农民运动训练班，共产党员邵式平任教育长兼党支部书记，并请时任南昌市公安局局长的朱德前往讲课，这些农运骨干也成为组织和发动农民的先锋。在党组织及农运骨干的带领下，全省农村掀起了政治、经济、武装斗争的大风暴，农民运动到达了高潮。到1927年夏，全省共有70余县成立了农民协会，会员总数超过60万人，农运规模居当时全国第四位。

第二节　八一起义与八一精神

八一起义是八一南昌起义的简称，又称南昌起义，指在1927年8月

1日中共联合国民党左派，打响了武装反抗国民党反动派的第一枪，揭开了中国共产党独立领导武装斗争和创建革命军队的序幕。

1927年3月，蒋介石在南京另立中央，国民党在武汉的汪精卫集团和南京的蒋介石集团的矛盾公开化，即所谓"宁汉分裂"。由于中国共产党的影响不断扩大，从4月起南京等地的国民党开始大量逮捕和处决共产党人，发动了四一二政变，武汉的国民党在7月亦决定"清党"，即七一五事变。一方面解聘共产国际中国代表鲍罗廷的顾问职务，一方面通知各政府部门和军队驱逐共产党人。蒋介石集团和汪精卫集团与帝国主义和大地主大资产阶级勾结，残酷屠杀共产党人和革命群众，使中国人民从1924年开始的国共合作的反帝反封建的大革命遭到失败。

为了反抗国民党反动派的屠杀政策，挽救中国革命，中共中央于1927年7月12日进行改组，停止了中央委员会总书记陈独秀右倾机会主义的领导。下旬，决定集合自己掌握和影响的部分国民革命军，并联合以张发奎为总指挥的第二方面军南下广东，会合当地革命力量，实行土地革命，恢复革命根据地，然后举行新的北伐。李立三、邓中夏、谭平山、恽代英、聂荣臻、叶挺等在九江具体组织行动时，发现张发奎同汪精卫勾结很紧，并在第二方面军中开始迫害共产党人。随即向中共中央建议，依靠自己掌握和影响的部队，"实行在南昌起义"。据此，中共中央指定周恩来、李立三、恽代英、彭湃等组成中共中央前敌委员会，以周恩来为书记，前往南昌领导这次起义。预定参加起义的部队有国民革命军第二方面军第十一军第二十四师、第十师，第二十军全部，第四军第二十五师第七十三团、第七十五团以及朱德为团长的第五方面军第三军军官教育团一部和南昌市公安局保安队一部，共2万余人。

从7月25日起，第十一军、第二十军分别在叶挺、贺龙的指挥下，陆续由九江、涂家埠（今永修）等地向南昌集中。27日，周恩来等到达南昌，组成前敌委员会，领导加紧进行起义的准备工作。

8月1日凌晨2时，在周恩来、贺龙、叶挺、朱德、刘伯承的领导下，南昌起义开始。按照中共前委的作战计划，第二十军第一师、第二师向旧藩台衙门、大士院街、牛行车站等处守军发起进攻；第十一军第二十四师向松柏巷天主教堂、新营房、百花洲等处守军发起进攻。激战至拂晓，全歼守军 3 000 余人，缴获各种枪 5 000 余支（挺），子弹 70 余万发，大炮数门。当日下午，驻马回岭的第二十五师第七十三团全部、第七十五团 3 个营和第七十四团机枪连，在聂荣臻、周士第率领下起义，1927 年 8 月 2 日到达南昌集中。

起义成功后，中共前委按照中共中央关于这次起义仍用国民党左派名义号召革命的指示精神，发表了国民党左派《中央委员宣言》，揭露蒋介石、汪精卫背叛革命的种种罪行，表达了拥护孙中山"三大政策"和继续反对帝国主义、新旧军阀的斗争决心。8 月 1 日上午，召开了有国民党中央委员、各省区特别市和海外党部代表参加的联席会议，成立了中国国民党革命委员会，推举邓演达、宋庆龄、何香凝、谭平山、吴玉章、贺龙、林祖涵（伯渠）、叶挺、周恩来、张国焘、李立三、恽代英、徐特立、彭湃、郭沫若等 25 人为委员。革命委员会任命吴玉章为秘书长，任命周恩来、贺龙、叶挺、刘伯承等组成参谋团，作为军事指挥机关，刘伯承为参谋团参谋长，郭沫若为总政治部主任，并决定起义军仍沿用国民革命军第二方面军番号，贺龙兼代方面军总指挥，叶挺兼代方面军前敌总指挥。所属第十一军（辖第二十四师、第二十五师、第十师），叶挺任军长、聂荣臻任党代表；第二十军（辖第一师、第二师），贺龙任军长、廖乾吾任党代表；第九军，朱德任副军长、朱克靖任党代表，全军共 2 万余人。南昌起义后，汪精卫急令张发奎、朱培德等部向南昌进攻。1927 年 8 月 3 日起，中共前委按照中共中央原定计划，指挥起义军分批撤出南昌。

八一起义是中国共产党直接领导的带有全局意义的一次武装起义。它打响了武装反抗国民党反动统治的第一枪，宣告了中国共产党把中国革命进行到底的坚定立场，标志着中国共产党独立地创造革命军队和领导革命战争的开始，是创建人民军队的开始。它也是中国共产党独立领导武装革命战争和创建人民军队开始的标志。虽然由于客观上敌人力量过于强大，主观指导上缺乏经验，没有和湘、鄂、赣地区的农民运动相结合，开展土地革命战争等原因，起义最后招致失败，但这次起义的伟大历史功绩是不可磨灭的。它在全党和全国人民面前树立了一面鲜明的武装斗争旗帜，充分地表现了中国共产党和中国人民不畏强敌、前仆后继的革命精神。它以实际行动批评了陈独秀的右倾投降主义，沉重地打击了国民党反动派的嚣张气焰，极大地鼓舞了全国人民的革命斗志，对创建伟大的人民军队做出了重大的贡献。

八一精神内涵丰富，概括而言就是追求真理、坚定信念、勇于拼搏、不怕牺牲、敢为人先、开拓创新。

第三节　井冈山斗争与井冈山精神

井冈山地区位于江西省西南部，罗霄山脉中段的湘赣边界，包括江西的宁冈、永新、莲花、遂川和湖南的酃县、茶陵等县，周围五百余里。

大革命失败后，共产党人开始意识到掌握武装对于中国革命的重要性。经历了南昌起义、秋收起义的失败后，中国共产党认识到，必须放弃攻打大城市，走中国自己的革命道路。在文家市决策中决定走农村包围城市的道路，在三湾改编中确立了党对军队的绝对领导权。

1927年10月，毛泽东率领工农革命军到达井冈山，建立了革命根据地。在毛泽东的领导下，部队在井冈山周围各县开展游击活动，打击反动地方武装，深入发动群众，重建地方党组织，建立工农民主政权和群众武装。11月攻占茶陵，建立了党的县委、县工农兵政府（谭震林为主席）和赤卫大队。在总结茶陵战斗经验时，毛泽东提出了工农革命军的三大任务和三大纪律。三大任务是：第一，打仗消灭敌人；第二，打土豪筹款子；第三，做群众工作，帮助群众建立革命政权。三大纪律是：第一，行动听指挥；第二，不拿工人农民一点东西；第三，打土豪要归公。与此同时，重建了宁冈、永新县委，恢复了莲花、酃县党的组织活动。1928年1月，部队占领遂川，建立了党的县委和县工农兵政府，以及暴动队、赤卫队、农民协会、工会等群众组织。在遂川，毛泽东对部队提出了六项注意：上门板，捆铺草，说话和气，买卖公平，借东西要还，损坏东西要赔。经过三个多月的游击战争，井冈山区和宁冈、永新、遂川、茶陵、酃县靠近井冈山的地区，都为工农革命军所控制。袁文才、王佐领导的两支地方武装，经过团结改造，编为工农革命军第一师第二团。2月,工农革命军攻占新城,于21日在砻市成立了宁冈县工宵兵政府,至此,井冈山根据地初步建成。毛泽东点燃的"工农武装割据"的星星之火,开创了在革命转入低潮的形势下,重新聚集革命力量,武装夺取政权的新局面,为中国革命照亮了胜利前进的航程。1928年4月,朱德、陈毅率领的南昌起义余部和湘南农民武装与毛泽东领导的秋收起义部队在井冈山会师,与毛泽东领导的工农革命军会师,合编为中国工农红军第四军,朱德任军长,毛泽东任党代表。

毛泽东总结井冈山斗争的经验,写了《星星之火,可以燎原》等三篇文章,理论上说明了中国革命采取建立农村革命根据地,以农村包围城市,最后夺取城市的道路。还提出在中国共产党的领导下,把武装斗争、土地革命和根据地建设三者结合起来的"工农武装割据"思想。它是把马克思主义普遍真理同中国革命具体实践相结合的典范,标志着毛泽东思想的初步形成。

井冈山革命根据地的创建是马克思主义的基本理论与中国具体的革命实际相结合的光辉典范,从此提出了工农武装割据的革命理论,从理论上处理好了武装革命、根据地建设以及土地革命三者之间的关系,为中国共产党的发展指明了革命的道路和方向,从而摆脱了长期以来对苏联革命道路的迷信,开始走中国特色的革命道路,即农村包围城市,武装夺取政权。它标志着实现了党工作中心的第一次历史性转移,从中诞生的井冈山精神已成为民族精神的重要组成部分。

井冈山精神的内涵可以用五句话来概括:坚定不移的革命信念,坚持党的绝对领导,密切联系人民群众的思想作风,一切从实际出发的思想路线,艰苦奋斗的作风。

第四节 中央苏区与红色中华

中央苏区即中央革命根据地,是第二次国内革命战争时期全国最大的革命根据地,是全国苏维埃运动的中心区域,是中华苏维埃共和国党、政、军首脑机关所在地。中央苏区是由以瑞金为中心的赣南、闽西两块苏维埃区域组成的。

1927年11月至1928年3月,在中共赣西、赣南特委的领导下,赖经邦、李文林、古柏等领导赣西南地区武装起义,开创了东固、桥头等革命根据地。1928年3月和6月,郭滴人、邓子恢、朱积垒、张鼎丞等领导闽西地区武装起义,创建了永定溪南革命根据地和地方工农武装。赣南、闽西的这些小块红色割据区域,奠定了中央苏区的基础。

1929年1月,毛泽东、朱德率领中国工农红军第四军主力离开井冈山革命根据地后,转战赣南、闽西地区,在上述根据地和地方工农武装的配合下,先后开辟了赣南、闽西革命根据地。1930年1月,江西红军四个独立团合编为红军第六军。2月7日,中共赣西南特委、赣南特委和红四军、红五军、红六军军委共同组成以毛泽东为书记的前委,统一领导土地革命和武装斗争,赣西、赣南和湘赣边三特委合并为中共赣西南特委,刘士奇为书记。3月,赣西南苏维埃政府成立,曾山任主席;闽西苏维埃政府成立,邓子恢任主席。4月,闽西地区红军五个独立团合编为红军第十二军。6月,活动在赣西南、闽西地区的红军第四、第六(不久改称第三军)和第十二军合编为红军第一军团。8月,毛泽东和朱德领导的红一军团与彭德怀率领的红三军团在浏阳永和会师,组成中国工农红军第一方面军,朱德任总司令,毛泽东任总政治委员。10月,毛泽东领导红一方面军挥师江西,攻克吉安重镇,建立了以曾山为主席的江西省苏维埃政府。

1931年1月,根据中共中央决定,中共苏区中央局成立,周恩来任书记。在周恩来未到任前,由项英、毛泽东先后代理书记。9月,中央苏区军民粉碎了国民党军第三次"围剿"后,使赣南、闽西两部分连成一片,根据地扩展到30多个县境,在24个县建立了县苏维埃政府。11月,中华苏维埃第一次全国代表大会在江西瑞金召开,成立了中华苏维埃共和国临时中央政府,毛泽东任主席,项英、张国焘任副主席;同时,组成中华苏维埃共和国中央革命军事委员会,朱德任主席,王稼祥、彭德怀任副主席,中华苏维埃共和国临时中央政府设在瑞金。至此,中央革命根据地正式形成,并统辖和领导全国苏维埃区域的斗争。

由于受到王明"左"倾教条主义错误领导的严重干扰和影响,排斥了毛泽东对苏区党和红军的正确领导，给中央苏区的革命和建设带来严重危害，最终导致第五次反"围剿"战争失败。1934年10月中旬，中央党政军领导机关和红军主力8.7万人被迫撤离中央苏区，实行战略转移，进行突围长征。中央机关和红军主力长征后，在中央苏区组建了中共中央分局、中华苏维埃临时中央政府办事处和中央军区，项英、陈毅等坚持和领导了艰苦卓绝的南方三年游击战争。

从1927年大革命失败后赣南、闽西农民武装暴动开始，到1937年抗日战争爆发后赣粤边、闽西等地红军三年游击战争结束，中央革命根据地波澜壮阔的英勇斗争，在中共党史和中国革命史上有着极其重要的历史地位和作用。这一时期，是以毛泽东为代表的中国共产党人探索农村包围城市、武装夺取政权正确革命道路的重要历史阶段；是中国共产党指导思想的第一个伟大理论成果——毛泽东思想形成的重要历史时期；是中国共产党逐步走向成熟的时期；是中国共产党探索在长期农村游击战争环境下保持无产阶级先锋队性质，形成党的优良作风的时期；是党第一次建立国家政权形态，开始局部执政，造就一大批治国安邦栋梁之材，学会治国安民艺术的时期；是党领导的红军经受艰苦卓绝的锻炼，为建设人民军队、进行人民战争积累经验的时期。1934年1月，毛泽东在第二次全国苏维埃代表大会上指出："中国苏维埃区域是全中国反帝国主义的革命根据地，中国工农红军是全中国反帝国主义的主力军""至于中央苏区，这里是苏维埃中央政府的所在地，是全国苏维埃运动的大本营"。1981年6月中共中央通过《关于建国以来党的若干历史问题的决议》指出："在土地革命战争中，毛泽东、朱德同志直接领导的红军第一方面军和中央革命根据地起了最重要的作用。"这是对中央革命根据地历史地位和作用的客观评价。

附录一：国家级非物质文化遗产名录（江西省）

一、传统文学（共计 1 项）
解缙故事	吉水县

二、传统音乐（共计 7 项）
兴国山歌	兴国县
于都唢呐公婆吹	于都县
万载得胜鼓	万载县
武宁打鼓歌	武宁县
九江山歌	九江县
花镲锣鼓	丰城市
龙虎山正一天师道道教音乐	鹰潭市

三、传统舞蹈（共计 9 项）
南丰傩舞	南丰县
乐安傩舞	乐安县
婺源傩舞	婺源县
永新盾牌舞	永新县
丰城岳家狮	丰城市
鲤鱼灯	吉安县
古陂蓆狮、犁狮	信丰县
宜黄禾杠舞	宜黄县
黎川舞白狮	黎川县

四、传统戏剧（共计 15 项）
赣南采茶戏	赣州市
宜黄戏	宜黄县

广昌孟戏	广昌县
弋阳腔	弋阳县
婺源徽剧	婺源县
青阳腔	湖口县
万载开口傩	万载县
赣剧	江西省赣剧院
西河戏	星子县
高安采茶戏	高安市
抚州采茶戏	抚州市临川区
德安潘公戏	德安县
东河戏	赣县
永修丫丫戏	永修县
江西目连戏	江西省艺术研究院

五、曲艺（共计3项）

萍乡春锣	萍乡市
客家古文	于都县
永新小鼓	永新县

六、传统体育、游艺与杂技（共计1项）

井冈山全堂狮灯	井冈山市

七、传统美术（共计10项）

萍乡湘东傩面具	萍乡市湘东区
婺源三雕	婺源县
南昌瓷板画	南昌市
瑞昌剪纸	瑞昌市
瑞昌竹编	瑞昌市
湖口草龙	湖口县
新干剪纸	新干县
东固传统造像	吉安市青原区
莲花打锡	莲花县
夏布绣	新余市

八、传统技艺（共计 15 项）

景德镇传统瓷窑作坊营造技艺	景德镇市
铅山连四纸制作技艺	铅山县
婺源歙砚制作技艺	婺源县
金星砚制作技艺	星子县
景德镇手工制瓷技艺	景德镇市
萍乡烟花爆竹制作技艺	上栗县
万载夏布制作技艺	万载县
万载花炮制作技艺	万载县
鄱阳脱胎漆器髹饰技艺	鄱阳县
吉州窑陶瓷烧制技艺	吉安市
古戏台营造技艺	乐平市
庐陵传统民居营造技艺	泰和县
赣南客家围屋营造技艺	龙南县
赣南客家擂茶制作技艺	全南县
婺源绿茶制作技艺	婺源县

九、传统医药（共计 1 项）

樟树中药炮制技艺	樟树市

十、民俗（共计 8 项）

全丰花灯	修水县
石城灯会	石城县
樟树药俗	樟树市
上坂关公灯	南昌市湾里区
西山万寿宫庙会	新建县
稻作习俗	万年县
赣南客家匾额习俗	会昌县
吉安中秋烧塔习俗	安福县

附录二：江西省省级非物质文化遗产名录

第一批（共计62项）

一、民间文学（共计2项）

序号	编号	项目名称	申报地区或单位
1	Ⅰ-1	麻姑仙女传说《沧海桑田》	抚州市南城县
2	Ⅰ-2	毛衣女下凡神话传说	新余市仙女湖风景名胜区管理委员会

二、民间音乐（共计3项）

序号	编号	项目名称	申报地区或单位
3	Ⅱ-1	兴国山歌	赣州市兴国县
4	Ⅱ-2	于都唢呐《公婆吹》	赣州市于都县
5	Ⅱ-3	万载得胜鼓	宜春市万载县

三、民间舞蹈（共计8项）

序号	编号	项目名称	申报地区或单位
6	Ⅲ-1	南丰跳傩	抚州市南丰县
7	Ⅲ-2	婺源傩舞	上饶市婺源县
8	Ⅲ-3	乐安傩舞	抚州市乐安县
9	Ⅲ-4	永新盾牌舞	吉安市永新县
10	Ⅲ-5	吉安灯彩	吉安市
11	Ⅲ-6	德安潘公戏（布帐傩）	九江市德安县
12	Ⅲ-7	崇仁跳八仙	抚州市崇仁县
13	Ⅲ-8	万载开口傩	宜春市万载县

四、传统戏剧（共计7项）

序号	编号	项目名称	申报地区或单位
14	Ⅳ-1	弋阳腔	上饶市弋阳县

15	Ⅳ-2	青阳腔	九江市湖口县
16	Ⅳ-3	广昌孟戏	抚州市广昌县
17	Ⅳ-4	婺源徽剧	上饶市婺源县
18	Ⅳ-5	宜黄戏	抚州市宜黄县
19	Ⅳ-6	赣南采茶戏	赣州市
20	Ⅳ-7	宁都中村傩戏	赣州市宁都县

五、曲艺（共计6项）

序号	编号	项目名称	申报地区或单位
21	Ⅴ-1	武宁打鼓歌（锄山鼓）	九江市武宁县
22	Ⅴ-2	新干摇钱树（莲花落）	吉安市新干县
23	Ⅴ-3	于都古文	赣州市于都县
24	Ⅴ-4	萍乡春锣	萍乡市
25	Ⅴ-5	宜春评话	宜春市袁州区
26	Ⅴ-6	永新小鼓	吉安市永新县

六、杂技与竞技（共计1项）

序号	编号	项目名称	申报地区或单位
27	Ⅵ-1	丰城岳家狮	宜春市丰城市

七、民间美术（共计4项）

序号	编号	项目名称	申报地区或单位
28	Ⅶ-1	婺源三雕	上饶市婺源县
29	Ⅶ-2	萍乡湘东傩面具	萍乡市湘东区
30	Ⅶ-3	南昌瓷板画	南昌市
31	Ⅶ-4	瑞昌剪纸	九江市瑞昌市

八、传统手工技艺（共计19项）

序号	编号	项目名称	申报地区或单位
32	Ⅷ-1	景德镇手工制瓷技艺	景德镇市
33	Ⅷ-2	景德镇传统瓷窑作坊营造技艺	江西省文物保护中心
34	Ⅷ-3	铅山连四纸制作技艺	上饶市铅山县
35	Ⅷ-4	歙砚制作技艺	上饶市婺源县
36	Ⅷ-5	金星砚制作技艺	九江市星子县

37	Ⅷ-6	乐平古戏台建筑工艺	景德镇市乐平市
38	Ⅷ-7	瑞昌竹编技艺	九江市瑞昌市
39	Ⅷ-8	会昌滕器制作技艺	赣州市会昌县
40	Ⅷ-9	上栗传统烟花制作技艺	萍乡市上栗县
41	Ⅷ-10	鄱阳脱胎漆器制作工艺	上饶市鄱阳县
42	Ⅷ-11	万载花炮制作技艺	宜春市万载县
43	Ⅷ-12	宜春袁州区脱胎漆器制作工艺	宜春市袁州区
44	Ⅷ-13	湖口草龙制作技艺	九江市湖口县
45	Ⅷ-14	万载夏布制作技艺	宜春市万载县
46	Ⅷ-15	进贤文港毛笔制作技艺	南昌市进贤县
47	Ⅷ-16	南丰蜜桔栽培技艺	抚州市南丰县
48	Ⅷ-17	李渡烧酒酿造技艺	南昌市进贤县
49	Ⅷ-18	萍乡花果手工工艺	萍乡市安源区
50	Ⅷ-19	安义黄洲宗山米粉制作技艺	南昌市安义县

九、传统医药(空缺)

十、民俗(共计12项)

序号	编号	项目名称	申报地区或单位
51	Ⅸ-1	全丰花灯	九江市修水县
52	Ⅸ-2	景德镇瓷业习俗	景德镇市
53	Ⅸ-3	樟树药俗	宜春市樟树市
54	Ⅸ-4	鄱阳湖传统渔业生产习俗	上饶市鄱阳县
55	Ⅸ-5	万年稻米习俗及贡米生产技术	上饶市万年县
56	Ⅸ-6	赣南客家民俗	赣州市
57	Ⅸ-7	赣南客家围屋习俗	赣州市龙南县
58	Ⅸ-8	上犹客家门匾习俗	赣州市上犹县
59	Ⅸ-9	婺源茶艺	上饶市婺源县
60	Ⅸ-10	石城灯会	赣州市石城县
61	Ⅸ-11	东林寺净土宗	九江市庐山区
62	Ⅸ-12	婺源乡村文化	上饶市婺源县

第二批（共计 102 项）

一、民间文学（共计 3 项）

序号	编号	项目名称	申报地区或单位
1	Ⅰ-1	景德镇民间故事——瓷窑的传说	景德镇市
2	Ⅰ-2	丰城剑的传说	宜春市丰城市
3	Ⅰ-3	百丈山的传说	宜春市奉新县

二、民间音乐（共计 10 项）

序号	编号	项目名称	申报地区或单位
4	Ⅱ-1	万载纸棚山歌	宜春市万载县
5	Ⅱ-2	乡射遗乐	抚州市乐安县
6	Ⅱ-3	靖安打鼓铲山歌	宜春市靖安县
7	Ⅱ-4	南乡大堂音乐	赣州市安远县
8	Ⅱ-5	丰城花钗锣鼓	宜春市丰城市
9	Ⅱ-6	铜鼓客家山歌	宜春市铜鼓县
10	Ⅱ-7	安义唢呐	南昌市安义县
11	Ⅱ-8	姚金娜民歌	上饶市信州区
12	Ⅱ-9	九江山歌	九江市九江县
13	Ⅱ-10	二塘长工山歌	南昌市进贤县

三、民间舞蹈（共计 21 项）

序号	编号	项目名称	申报地区或单位
14	Ⅲ-1	银坑甑笊舞	赣州市于都县
15	Ⅲ-2	上坂关公灯	南昌市湾里区
16	Ⅲ-3	青山湖双龙戏珠	南昌市青山湖区
17	Ⅲ-4	新干竹马舞	吉安市新干县
18	Ⅲ-5	手摇狮	抚州市金溪县
19	Ⅲ-6	芦溪古城独角缩龙	萍乡市芦溪县
20	Ⅲ-7	瑞狮	赣州市定南县
21	Ⅲ-8	古陂"蓆狮""梨狮"	赣州市信丰县
22	Ⅲ-9	靖安马灯舞	宜春市靖安县

序号	编号	项目名称	申报地区或单位
23	Ⅲ-10	靖安香花和尚舞	宜春市靖安县
24	Ⅲ-11	城南龙灯	南昌市青云谱区
25	Ⅲ-12	北刘轿舞	南昌市青山湖区
26	Ⅲ-13	章贡区民间高跷	赣州市章贡区
27	Ⅲ-14	罗汉灯	抚州市东乡县
28	Ⅲ-15	马步灯	抚州市金溪县
29	Ⅲ-16	手摇九节龙	抚州市资溪县
30	Ⅲ-17	靖安茶花灯	宜春市靖安县
31	Ⅲ-18	二塘泼蛇灯	南昌市进贤县
32	Ⅲ-19	李渡车仂灯	南昌市进贤县
33	Ⅲ-20	花棍舞	赣州市全南县
34	Ⅲ-21	莲花茶灯舞	萍乡市莲花县

四、传统戏剧（共计 17 项）

序号	编号	项目名称	申报地区或单位
35	Ⅳ-1	赣剧	江西赣剧研究中心
36	Ⅳ-2	南昌采茶戏	南昌市南昌县
37	Ⅳ-3	横峰傀儡戏	上饶市横峰县
38	Ⅳ-4	宁都采茶戏	赣州市宁都县
39	Ⅳ-5	玉山班演艺	上饶市玉山县
40	Ⅳ-6	武宁采茶戏	九江市武宁县
41	Ⅳ-7	瑞昌采茶戏	九江市瑞昌市
42	Ⅳ-8	高安采茶戏	宜春市高安市
43	Ⅳ-9	东河戏	赣州市赣县
44	Ⅳ-10	西河戏	九江市星子县
45	Ⅳ-11	修水宁河戏	九江市修水县
46	Ⅳ-12	九江采茶戏	九江市九江县
47	Ⅳ-13	手端木偶戏	赣州市信丰县
48	Ⅳ-14	万载花灯戏	宜春市万载县
49	Ⅳ-15	抚州采茶戏	抚州市临川区
50	Ⅳ-16	永新三角班	吉安市永新县

| 51 | Ⅳ-17 | 上栗牛带茶灯 | 萍乡市上栗县 |

五、曲艺（共计 5 项）

序号	编号	项目名称	申报地区或单位
52	Ⅴ-1	筱贵林南昌谐谑故事	南昌市西湖区
53	Ⅴ-2	上高道情	宜春市上高县
54	Ⅴ-3	宁都鼓子曲	赣州市宁都县
55	Ⅴ-4	高安道情	宜春市高安市
56	Ⅴ-5	鄱阳渔鼓	上饶市鄱阳县

六、杂技与竞技（空缺）

七、民间美术（共计 4 项）

序号	编号	项目名称	申报地区或单位
57	Ⅶ-1	景德镇民窑陶瓷美术	景德镇市
58	Ⅶ-2	新干剪纸	吉安市新干县
59	Ⅶ-3	"龙凤呈祥"福字彩绘及雕版	宜春市靖安县
60	Ⅶ-4	宜春版画	宜春市

八、传统手工技艺（共计 25 项）

序号	编号	项目名称	申报地区或单位
61	Ⅷ-1	景德镇传统青花瓷制作技艺	景德镇市
62	Ⅷ-2	浮梁功夫红茶制作技艺	景德镇市浮梁县
63	Ⅷ-3	景德镇传统制瓷柴窑烧成技艺	景德镇市
64	Ⅷ-4	遂川狗牯脑茶的制作工艺	吉安市遂川县
65	Ⅷ-5	金溪雕版印刷手工技艺	抚州市金溪县
66	Ⅷ-6	广昌白莲生产技艺与习俗	抚州市广昌县
67	Ⅷ-7	奉新土纸制作技艺	宜春市奉新县
68	Ⅷ-8	安福火腿的制作技艺	吉安市安福县
69	Ⅷ-9	安义匾额书法雕刻技艺	南昌市安义县
70	Ⅷ-10	石城砚制作技艺	赣州市石城县
71	Ⅷ-11	金溪藕丝糖传统手工技艺	抚州市金溪县
72	Ⅷ-12	南丰泥炉制作工艺	抚州市南丰县
73	Ⅷ-13	夏布制作工艺	上饶市信州区

74	Ⅷ-14	永新和子四珍的制作技艺	吉安市永新县
75	Ⅷ-15	吉安薄酥饼的制作工艺	吉安市吉州区
76	Ⅷ-16	莲花打锡手工工艺	萍乡市莲花县
77	Ⅷ-17	峡江米粉的制作工艺	吉安市峡江县
78	Ⅷ-18	手工艺术模具雕刻钢模技艺	赣州市瑞金市
79	Ⅷ-19	龙溪祝氏宗祠建造技艺	上饶市广丰县
80	Ⅷ-20	瑞金传统竹编工艺	赣州市瑞金市
81	Ⅷ-21	黄连麻糍制作技艺	宜春市奉新县
82	Ⅷ-22	永新红军斗笠的制作技艺	吉安市永新县
83	Ⅷ-23	安义糕点印模雕刻技艺	南昌市安义县
84	Ⅷ-24	荷塘乡手工竹编技艺	景德镇市昌江区

九、传统医药（共计3项）

序号	编号	项目名称	申报地区或单位
85	Ⅸ-1	建昌帮药业	抚州市南城县
86	Ⅸ-2	挑积	赣州市寻乌县
87	Ⅸ-3	胡卓人蕲蛇药酒的制作技艺	吉安市吉州区

十、民俗（共计15项）

序号	编号	项目名称	申报地区或单位
88	Ⅹ-1	三僚堪舆文化	赣州市兴国县
89	Ⅹ-2	西山万寿宫庙会	南昌市新建县
90	Ⅹ-3	万寿宫文化	南昌市西湖区
91	Ⅹ-4	一圣仙娘花灯	九江市修水县
92	Ⅹ-5	义门陈	九江市德安县
93	Ⅹ-6	装故事	抚州市乐安县
94	Ⅹ-7	樟村板灯民俗	上饶市玉山县
95	Ⅹ-8	石上曾坊桥帮灯	赣州市宁都县
96	Ⅹ-9	安福吃新节	吉安市安福县
97	Ⅹ-10	洛口南云竹篙火龙	赣州市宁都县
98	Ⅹ-11	香火龙	赣州市龙南县
99	Ⅹ-12	湖口粑俗	九江市湖口县

100	Ⅹ-13	齐客过年风俗	南昌市青山湖区
101	Ⅹ-14	南昌祭轿	南昌市南昌县
102	Ⅹ-15	丰城梅烛	宜春市丰城市

第三批（共计 206 项）

一、民间文学（共计 20 项）

序号	编号	项目名称	申报地区或单位
1	Ⅰ-1	南昌萧峰萧史吹箫引凤故事	南昌市新建县
2	Ⅰ-2	欧阳修故事	吉安市
3	Ⅰ-3	文天祥故事	吉安市
4	Ⅰ-4	安福武功山传说	吉安市安福县
5	Ⅰ-5	泰和白凤仙子传说	吉安市泰和县
6	Ⅰ-6	欧母画荻教子故事	吉安市永丰县
7	Ⅰ-7	陶母教子故事	吉安市新干县
8	Ⅰ-8	杨万里故事	吉安市吉水县
9	Ⅰ-9	解缙故事	吉安市吉水县
10	Ⅰ-10	永新石灰脑传说	吉安市永新县
11	Ⅰ-11	宜春慈化寺传说	宜春市
12	Ⅰ-12	袁州谯楼传说	宜春市
13	Ⅰ-13	宜丰洞山传说	宜春市宜丰县
14	Ⅰ-14	宜丰恒白话故事	宜春市宜丰县
15	Ⅰ-15	靖安客家童谣	宜春市靖安县
16	Ⅰ-16	丰城许真君传说	宜春市丰城市
17	Ⅰ-17	德安八景传说	九江市德安县
18	Ⅰ-18	浔阳八景传说	九江市浔阳区
19	Ⅰ-19	都昌老爷庙传说	九江市都昌县
20	Ⅰ-20	彭泽小姑与彭郎传说	九江市彭泽县

二、传统音乐（共计 13 项）

序号	编号	项目名称	申报地区或单位
21	Ⅱ-1	南昌胡华锣鼓十八番	南昌市南昌县

22	II-2	新建得胜鼓	南昌市新建县
23	II-3	井冈客家山歌	吉安市井冈山市
24	II-4	鄱阳渔歌	上饶市鄱阳县
25	II-5	铅山畲族民歌	上饶市铅山县
26	II-6	崇义竹洞畲族山歌	赣州市崇义县
27	II-7	龙虎山正一天师道道教音乐	鹰潭市
28	II-8	奉新山歌	宜春市奉新县
29	II-9	宜春三星鼓	宜春市袁州区
30	II-10	九江秧号	九江市九江县
31	II-11	永修吴城排工号子	九江市永修县
32	II-12	瑞昌秧号	九江市瑞昌市
33	II-13	楚调唐音歌吟	省社会科学院语言文学研究所

三、传统舞蹈（共计39项）

序号	编号	项目名称	申报地区或单位
34	III-1	进贤罗家狮舞	南昌市进贤县
35	III-2	进贤梅庄花棍	南昌市进贤县
36	III-3	临川火老虎灯	抚州市临川区
37	III-4	东乡车马灯	抚州市东乡县
38	III-5	崇仁相山板凳龙	抚州市崇仁县
39	III-6	芦溪南坑车湘傩舞	萍乡市芦溪县
40	III-7	上栗傩舞	萍乡市上栗县
41	III-8	永丰傩舞	吉安市永丰县
42	III-9	峡江打蚌壳	吉安市峡江县
43	III-10	吉安茅田花灯	吉安市吉安县
44	III-11	万年太平跳脚龙灯	上饶市万年县
45	III-12	崇义告圣	赣州市崇义县
46	III-13	上犹九狮拜象	赣州市上犹县
47	III-14	大余南安罗汉舞	赣州市大余县
48	III-15	于都茶篮灯	赣州市于都县

49	Ⅲ-16	安远瑞龙	赣州市安远县
50	Ⅲ-17	全南车马灯	赣州市全南县
51	Ⅲ-18	贵溪畲族马灯舞	鹰潭市贵溪市
52	Ⅲ-19	龙虎山正一天师道斋醮科仪	鹰潭市
53	Ⅲ-20	渝水凤凰舞	新余市渝水区
54	Ⅲ-21	渝水观巢推车灯	新余市渝水区
55	Ⅲ-22	仰天岗双狮舞	新余市仰天岗管委会
56	Ⅲ-23	宜丰宋家双狮舞	宜春市宜丰县
57	Ⅲ-24	铜鼓跳觋	宜春市铜鼓县
58	Ⅲ-25	铜鼓七鲤抢虾	宜春市铜鼓县
59	Ⅲ-26	铜鼓太平灯	宜春市铜鼓县
60	Ⅲ-27	铜鼓渔樵耕读	宜春市铜鼓县
61	Ⅲ-28	高安上湖灯彩	宜春市高安市
62	Ⅲ-29	宜丰牌楼神狮舞	宜春市宜丰县
63	Ⅲ-30	上高排字舞	宜春市上高县
64	Ⅲ-31	都昌打岔伞	九江市都昌县
65	Ⅲ-32	万安麒麟狮象灯	吉安市万安县
66	Ⅲ-33	泰和虾蚣灯	吉安市泰和县
67	Ⅲ-34	遂川五龙下海	吉安市遂川县
68	Ⅲ-35	万安股子灯	吉安市万安县
69	Ⅲ-36	吉安东园龙	吉安市吉安县
70	Ⅲ-37	青原箍俚龙	吉安市青原区
71	Ⅲ-38	吉水鳌鱼灯	吉安市吉水县
72	Ⅲ-39	吉水长龙	吉安市吉水县

四、传统戏剧（共计 11 项）

序号	编号	项目名称	申报地区或单位
73	Ⅳ-1	萍乡采茶戏	萍乡市
74	Ⅳ-2	芦溪上埠牛带茶	萍乡市芦溪县
75	Ⅳ-3	吉安采茶戏	吉安市
76	Ⅳ-4	鄱阳饶河戏	上饶市鄱阳县

77	Ⅳ-5	玉山提线木偶戏	上饶市玉山县
78	Ⅳ-6	安远九龙山采茶戏	赣州市安远县
79	Ⅳ-7	兴国提线木偶	赣州市兴国县
80	Ⅳ-8	袁河锣鼓戏	宜春市袁州区
81	Ⅳ-9	永修丫丫戏	九江市永修县
82	Ⅳ-10	德安西河大戏	九江市德安县
83	Ⅳ-11	武宁戏社火	九江市武宁县

五、曲艺（共计 7 项）

序号	编号	项目名称	申报地区或单位
84	Ⅴ-1	南昌清音	南昌市东湖区
85	Ⅴ-2	进贤李渡道情	南昌市进贤县
86	Ⅴ-3	萍乡莲花落	萍乡市
87	Ⅴ-4	万年串堂班	上饶市万年县
88	Ⅴ-5	南康古文	赣州市南康市
89	Ⅴ-6	宜春春锣	宜春市袁州区
90	Ⅴ-7	都昌鼓书	九江市都昌县

六、杂技与竞技（共计 5 项）

序号	编号	项目名称	申报地区或单位
91	Ⅵ-1	井冈山全堂狮灯	吉安市井冈山市
92	Ⅵ-2	分宜洋江赛龙舟	新余市分宜县
93	Ⅵ-3	袁州南庙武术	宜春市袁州区
94	Ⅵ-4	高安字门拳	宜春市高安市
95	Ⅵ-5	芦溪年丰狮	萍乡市芦溪县

七、传统美术（共计 8 项）

序号	编号	项目名称	申报地区或单位
96	Ⅶ-1	进贤文港微雕	南昌市进贤县
97	Ⅶ-2	南丰傩面具雕刻	抚州市南丰县
98	Ⅶ-3	章贡客家竹雕	赣州市章贡区
99	Ⅶ-4	大余核微雕技艺	赣州市大余县
100	Ⅶ-5	宜丰根雕	宜春市宜丰县

101	Ⅶ-6	樟树剪纸	宜春市樟树市
102	Ⅶ-7	丰城挂联剪纸	宜春市丰城市
103	Ⅶ-8	丰城木雕	省博物馆

八、传统技艺（共计62项）

序号	编号	项目名称	申报地区或单位
104	Ⅷ-1	南昌汪山土库古建营造技艺	南昌市
105	Ⅷ-2	进贤张公夏布制作技艺	南昌市进贤县
106	Ⅷ-3	进贤白圩木板活字印谱	南昌市进贤县
107	Ⅷ-4	南昌塔城豆豉制作技艺	南昌市南昌县
108	Ⅷ-5	东湖赣发绣技艺	南昌市东湖区
109	Ⅷ-6	临川篾编技艺	抚州市临川区
110	Ⅷ-7	金溪浒湾油面制作技艺	抚州市金溪县
111	Ⅷ-8	永新牛田草席制作技艺	吉安市永新县
112	Ⅷ-9	遂川珊田架花制作技艺	吉安市遂川县
113	Ⅷ-10	吉州窑木叶纹黑釉瓷制作技艺	吉安市吉安县
114	Ⅷ-11	井冈翠绿茶制作技艺	吉安市井冈山市
115	Ⅷ-12	井冈山竹编技艺	吉安市井冈山市
116	Ⅷ-13	吉安堆花酒酿造技艺	吉安市吉州区
117	Ⅷ-14	永丰玉扣纸制作技艺	吉安市永丰县
118	Ⅷ-15	铅山河红茶制作技艺	上饶市铅山县
119	Ⅷ-16	鄱阳灌芯糖制作技艺	上饶市鄱阳县
120	Ⅷ-17	弋阳大禾米粿制作技艺	上饶市弋阳县
121	Ⅷ-18	铅山柳木蒸笼制作技艺	上饶市铅山县
122	Ⅷ-19	横峰葛粉制作技艺	上饶市横峰县
123	Ⅷ-20	横峰兴安酥制作技艺	上饶市横峰县
124	Ⅷ-21	龙南杨村米酒酿造技艺	赣州市龙南县
125	Ⅷ-22	定南客家酸酒鸭制作技艺	赣州市定南县
126	Ⅷ-23	定南客家酸菜制作技艺	赣州市定南县
127	Ⅷ-24	定南客家灰水粄制作技艺	赣州市定南县
128	Ⅷ-25	大余南安板鸭制作技艺	赣州市大余县

129	Ⅷ-26 崇义黄姜豆腐制作技艺	赣州市崇义县
130	Ⅷ-27 崇义米酒酿制技艺	赣州市崇义县
131	Ⅷ-28 全南客家熏鸡制作技艺	赣州市全南县
132	Ⅷ-29 全南蓝巾帕制作技艺	赣州市全南县
133	Ⅷ-30 兴国鱼丝制作技艺	赣州市兴国县
134	Ⅷ-31 崇义龙灯制作技艺	赣州市崇义县
135	Ⅷ-32 赣县田村花灯制作技艺	赣州市赣县
136	Ⅷ-33 南康天车制作技艺	赣州市南康市
137	Ⅷ-34 瑞金鱼圆制作技艺	赣州市瑞金市
138	Ⅷ-35 瑞金冈面车灯制作技艺	赣州市瑞金市
139	Ⅷ-36 石城肉丸制作技艺	赣州市石城县
140	Ⅷ-37 景德镇传统粉彩瓷制作技艺	景德镇市
141	Ⅷ-38 景德镇传统颜色釉瓷烧制技艺	景德镇市
142	Ⅷ-39 景德镇雕塑瓷手工制作技艺	景德镇市
143	Ⅷ-40 景德镇瓷用毛笔制作技艺	景德镇市
144	Ⅷ-41 贵溪捺菜	鹰潭市贵溪市
145	Ⅷ-42 贵溪灯芯糕	鹰潭市贵溪市
146	Ⅷ-43 新余夏布刺绣	新余市渝州绣坊
147	Ⅷ-44 分宜夏布制作技艺	新余市分宜县
148	Ⅷ-45 分宜湖泽木酋制作技艺	新余市分宜县
149	Ⅷ-46 樟树四特酒制作技艺	宜春市樟树市
150	Ⅷ-47 宜丰天宝罗酒制作技艺	宜春市宜丰县
151	Ⅷ-48 宜丰霉豆腐制作技艺	宜春市宜丰县
152	Ⅷ-49 袁州松花皮蛋制作技艺	宜春市袁州区
153	Ⅷ-50 袁州夏布制作技艺	宜春市袁州区
154	Ⅷ-51 丰城冻米糖制作技艺	宜春市丰城市
155	Ⅷ-52 万载罗城扎粉制作技艺	宜春市万载县
156	Ⅷ-53 高安腐竹制作技艺	宜春市高安市
157	Ⅷ-54 奉新酿饭坨制作技艺	宜春市奉新县
158	Ⅷ-55 永修杨氏弹花技艺	九江市永修县

159	Ⅷ-56	九江桂花茶饼制作技艺	九江市
160	Ⅷ-57	星子镌石技艺	九江市星子县
161	Ⅷ-58	湖口豆豉制作技艺	九江市湖口县
162	Ⅷ-59	修水哨子制作技艺	九江市修水县
163	Ⅷ-60	修水贡砚制作技艺	九江市修水县
164	Ⅷ-61	莲花血鸭烹调技艺	萍乡市莲花县
165	Ⅷ-62	传统水力机械和手工技艺制茶	江西省中国民俗文化研究中心

九、传统医药（共计8项）

序号	编号	项目名称	申报地区或单位
166	Ⅸ-1	万年张氏中医药烧烫疗法	上饶市万年县
167	Ⅸ-2	信州火针	上饶市信州区
168	Ⅸ-3	于都敦本堂熊氏民间中医	赣州市于都县
169	Ⅸ-4	定南挑积	赣州市定南县
170	Ⅸ-5	丰城谌母医药疗法	宜春市丰城市
171	Ⅸ-6	樟树中药材炮制技艺	宜春市樟树市
172	Ⅸ-7	樟树药都药膳制作技艺	宜春市樟树市
173	Ⅸ-8	九江王万和中医药疗法	九江市九江开发区

十、民俗（共计33项）

序号	编号	项目名称	申报地区或单位
174	Ⅹ-1	新建石岗梅烛灯	南昌市新建县
175	Ⅹ-2	青云谱版王庙龙舟赛	南昌市青云谱区
176	Ⅹ-3	安义安家开大炉踩金砖	南昌市安义县
177	Ⅹ-4	南丰妆迎	抚州市南丰县
178	Ⅹ-5	乐安罗陂庙会	抚州市乐安县
179	Ⅹ-6	资溪畲族祭祀仪式	抚州市资溪县
180	Ⅹ-7	吉安敦厚元宵灯会	吉安市吉安县
181	Ⅹ-8	吉安干麦船	吉安市吉安县
182	Ⅹ-9	青原渼陂彩擎	吉安市青原区
183	Ⅹ-10	青原喊船	吉安市青原区

174　江西地方文化史导论

184	X-11	安福甽云火把节	吉安市安福县
185	X-12	安福中秋烧塔	吉安市安福县
186	X-13	上饶石人殿庙会	上饶市上饶县
187	X-14	上饶石人桥灯	上饶市上饶县
188	X-15	铅山石塘桥灯	上饶市铅山县
189	X-16	鄱阳湖鸬鹚捕鱼习俗	上饶市余干县
190	X-17	婺源豆腐架	上饶市婺源县
191	X-18	婺源抬阁	上饶市婺源县
192	X-19	广丰五都蜡烛会	上饶市广丰县
193	X-20	定南客家哭嫁习俗	赣州市定南县
194	X-21	龙南杨村龙舟赛	赣州市龙南县
195	X-22	宁都石上割鸡担灯	赣州市宁都县
196	X-23	南康鲤鱼灯	赣州市南康市
197	X-24	安远欣山上刀山	赣州市安远市
198	X-25	全南中寨香火龙	赣州市全南县
199	X-26	崇义舞春牛	赣州市崇义县
200	X-27	定南客家服饰	赣州市定南县
201	X-28	章贡客家菜	赣州市章贡区
202	X-29	鹰潭水豛果仂	鹰潭市月湖区
203	X-30	宜丰风水狮	宜春市宜丰县
204	X-31	高安土城斗牛	宜春市高安市
205	X-32	靖安草龙灯习俗	宜春市靖安县
206	X-33	彭泽板龙	九江市彭泽县

第四批（共计118项）

一、民间文学（共计8项）

序号	编号	项目名称	申报地区或单位
1	4-Ⅰ-1	龙虎山张天师传说	鹰潭市
2	4-Ⅰ-2	吉安白鹭洲传说	吉安市吉州区
3	4-Ⅰ-3	樟树阁皂山传说	宜春市樟树市
4	4-Ⅰ-4	峡江玉笥山传说	吉安市峡江县

5	4-Ⅰ-5	南康木根源	赣州市南康市
6	4-Ⅰ-6	渝水民间谚语	新余市渝水区
7	4-Ⅰ-7	南昌浴仙池传说	南昌市西湖区
8	4-Ⅰ-8	王阳明传说	省艺术研究院

二、传统音乐（共计12项）

序号	编号	项目名称	申报地区或单位
9	4-Ⅱ-1	遂川九腔十番	吉安市遂川县
10	4-Ⅱ-2	永新子和调	吉安市永新县
11	4-Ⅱ-3	九江丝弦锣鼓	九江市九江县
12	4-Ⅱ-4	万安赣江十八滩号子	吉安市万安县
13	4-Ⅱ-5	会昌踩鼓	赣州市会昌县
14	4-Ⅱ-6	赣南客家民歌	赣州市、会昌县、龙南县、瑞金市
15	4-Ⅱ-7	江西畲族山歌	吉安市永丰县、抚州市资溪县
16	4-Ⅱ-8	分宜凤阳唢呐	新余市分宜县
17	4-Ⅱ-9	靖安南山花鼓	宜春市靖安县
18	4-Ⅱ-10	莲花哦嚯歌	萍乡市莲花县
19	4-Ⅱ-11	永修建昌锣鼓	九江市永修县
20	4-Ⅱ-12	庐山石工号子	庐山管理局

三、传统舞蹈（18项）

序号	编号	项目名称	申报地区或单位
21	4-Ⅲ-1	安源傩舞	萍乡市安源区
22	4-Ⅲ-2	宜黄神岗傩舞	抚州市宜黄县
23	4-Ⅲ-3	大余旁牌舞	赣州市大余县
24	4-Ⅲ-4	赣县云灯	赣州市赣县
25	4-Ⅲ-5	安远茶蓝灯	赣州市安远县
26	4-Ⅲ-6	黎川舞白狮	抚州市黎川县
27	4-Ⅲ-7	崇仁扭扭龙	抚州市崇仁县
28	4-Ⅲ-8	信丰瑞狮引龙	赣州市信丰县
29	4-Ⅲ-9	浮梁珍珠灯	景德镇市浮梁县
30	4-Ⅲ-10	宜黄禾杠舞	抚州市宜黄县

31	4-Ⅲ-11	崇义三节龙	赣州市崇义县
32	4-Ⅲ-12	浮梁青狮白象灯	景德镇市浮梁县
33	4-Ⅲ-13	泰和华盖双狮舞	吉安市泰和县
34	4-Ⅲ-14	东乡跳马灯	抚州市东乡县
35	4-Ⅲ-15	上高十样景	宜春市上高县
36	4-Ⅲ-16	铜鼓棋坪客家狮	宜春市铜鼓县
37	4-Ⅲ-17	金溪矮脚龙	抚州市金溪县
38	4-Ⅲ-18	湘东旱龙船	萍乡市湘东区

四、传统戏剧（共计11项）

序号	编号	项目名称	申报地区或单位
39	4-Ⅳ-1	青原烟花傀儡	吉安市青原区
40	4-Ⅳ-2	上栗皮影戏	萍乡市上栗县
41	4-Ⅳ-3	上饶信河乱弹腔	上饶市上饶县
42	4-Ⅳ-4	江西提线木偶戏	赣州市于都县、抚州市广昌县
43	4-Ⅳ-5	江西杖头木偶戏	赣州市宁都县、于都县
44	4-Ⅳ-6	兴国端戏	赣州市兴国县
45	4-Ⅳ-7	德安南河戏	九江市德安县
46	4-Ⅳ-8	高安锣鼓戏	宜春市高安市
47	4-Ⅳ-9	新余花鼓戏	新余市渝水区
48	4-Ⅳ-10	九江文曲戏	九江市九江县
49	4-Ⅳ-11	江西目连戏	省艺术研究院

五、曲艺（共计4项）

序号	编号	项目名称	申报地区或单位
50	4-Ⅴ-1	上饶串堂班	上饶市、上饶县
51	4-Ⅴ-2	信丰大堂花鼓	赣州市信丰县
52	4-Ⅴ-3	抚州话文	抚州市临川区
53	4-Ⅴ-4	吉安渔鼓道情	吉安市吉安县

六、传统体育、游艺与杂技（共计1项）

序号	编号	项目名称	申报地区或单位
54	4-Ⅵ-1	上饶自然门武术	上饶市上饶县

七、传统美术（共计9项）

序号	编号	项目名称	申报地区或单位
55	4-Ⅶ-1	南昌宣纸刺绣	南昌市西湖区
56	4-Ⅶ-2	永丰畲族刺绣	吉安市永丰县
57	4-Ⅶ-3	兴国篆刻	赣州市兴国县
58	4-Ⅶ-4	青原东固传统造像	吉安市青原区
59	4-Ⅶ-5	宜春竹木雕刻	宜春市、宜丰县、靖安县
60	4-Ⅶ-6	余江木雕	鹰潭市余江县
61	4-Ⅶ-7	乐安蛋雕	抚州市乐安县
62	4-Ⅶ-8	安源面塑	萍乡市安源区
63	4-Ⅶ-9	信江石雕	鹰潭市月湖区

八、传统技艺（共计22项）

序号	编号	项目名称	申报地区或单位
64	4-Ⅷ-1	新建走马灯制作技艺	南昌市新建县
65	4-Ⅷ-2	庐山云雾茶制作技艺	九江市庐山区
66	4-Ⅷ-3	九江封缸酒酿制技艺	九江市浔阳区
67	4-Ⅷ-4	景德镇陶瓷装饰技艺	景德镇市、昌江区、珠山区
68	4-Ⅷ-5	景德镇青白瓷制作技艺	景德镇市珠山区
69	4-Ⅷ-6	浮梁青花珠明料煅烧技艺	景德镇市浮梁县
70	4-Ⅷ-7	井冈山红米酒酿制技艺	吉安市井冈山市
71	4-Ⅷ-8	永丰陶塘吊丝灯技艺	吉安市永丰县
72	4-Ⅷ-9	庐陵传统建筑（鹊巢宫）营造技艺	吉安市泰和县
73	4-Ⅷ-10	吉州窑瓷烧制技艺	吉安市吉安县、省博物馆
74	4-Ⅷ-11	南城麻姑酒酿制技艺	抚州市南城县
75	4-Ⅷ-12	贵溪錾铜雕刻技艺	鹰潭市贵溪市
76	4-Ⅷ-13	婺源甲路纸伞制作技艺	上饶市婺源县
77	4-Ⅷ-14	婺源绿茶制作技艺	上饶市婺源县
78	4-Ⅷ-15	玉山罗纹砚制作技艺	上饶市玉山县
79	4-Ⅷ-16	丰城洪州窑碗泥岭制陶技艺	宜春市丰城市

80	4-Ⅷ-17	安源灯彩制作技艺	萍乡市安源区
81	4-Ⅷ-18	广丰洋口海参饼制作技艺	上饶市广丰县
82	4-Ⅷ-19	赣南客家擂茶制作技艺	赣州市于都县、全南县
83	4-Ⅷ-20	赣南客家围屋营造技艺	赣州市安远县、龙南县
84	4-Ⅷ-21	月湖灯彩扎制技艺	鹰潭市月湖区
85	4-Ⅷ-22	余干古埠盆栽烟花制作技艺	上饶市余干县

九、传统医药（共计4项）

序号	编号	项目名称	申报地区或单位
86	4-Ⅸ-1	高安骨伤医术	宜春市高安市
87	4-Ⅸ-2	余干正骨法	上饶市余干县
88	4-Ⅸ-3	吉州骨伤疗法	吉安市吉州区
89	4-Ⅸ-4	万年痔疮疗法	上饶市万年县

十、民俗（共计29项）

序号	编号	项目名称	申报地区或单位
90	4-Ⅹ-1	南昌向塘灯棍节	南昌市南昌县
91	4-Ⅹ-2	瑞昌范镇河灯节	九江市瑞昌市
92	4-Ⅹ-3	青原东固二月二庙会	吉安市青原区
93	4-Ⅹ-4	万安元宵唱船	吉安市万安县
94	4-Ⅹ-5	遂川龙泉码测树	吉安市遂川县
95	4-Ⅹ-6	泰和王家坊迎神赛会	吉安市泰和县
96	4-Ⅹ-7	安福表嫂茶习俗	吉安市安福县
97	4-Ⅹ-8	南康横寨唱船	赣州市南康市
98	4-Ⅹ-9	安远欣山过火炼	赣州市安远县
99	4-Ⅹ-10	会昌赖公庙会	赣州市会昌县
100	4-Ⅹ-11	会昌匾额习俗	赣州市会昌县
101	4-Ⅹ-12	宁都刘坑竹马灯舞	赣州市宁都县
102	4-Ⅹ-13	宁都大沽古教花灯	赣州市宁都县
103	4-Ⅹ-14	全南谭坊举人龙	赣州市全南县
104	4-Ⅹ-15	信丰大阿子孙龙	赣州市信丰县
105	4-Ⅹ-16	乐安打船歌习俗	抚州市乐安县

106	4-Ⅹ-17 靖安禾堆饼习俗	宜春市靖安县
107	4-Ⅹ-18 丰城社火	宜春市丰城市
108	4-Ⅹ-19 弋阳叠山神龙灯	上饶市弋阳县
109	4-Ⅹ-20 江西板龙灯	上饶市婺源县、南昌市南昌县、景德镇市乐平市
110	4-Ⅹ-21 玉山横街茅楂会	上饶市玉山县
111	4-Ⅹ-22 万年石镇灯彩	上饶市万年县
112	4-Ⅹ-23 鄱阳管驿前晏公庙会	上饶市鄱阳县
113	4-Ⅹ-24 鄱阳张王庙会	上饶市鄱阳县
114	4-Ⅹ-25 贵溪畲族上刀山	鹰潭市贵溪市
115	4-Ⅹ-26 鄱阳瓦屑坝祭祖	上饶市鄱阳县
116	4-Ⅹ-27 南昌蒋巷黄河灯	南昌市南昌县
117	4-Ⅹ-28 宜春中秋拜月	宜春市
118	4-Ⅹ-29 江西风水林习俗	宜春市宜丰县

附录三：（陈氏）义门家法三十三条

江州长史、捡校、右散骑常侍兼御史大夫，赐紫金鱼袋，家长崇叙曰：吾宗袭秘监之累功，承著作之遗训，代传孝弟，业继典坟，祖创孙谋，窃有余庆。伏蒙圣主恢振义风，锡恩表闾。特恐后来愚知不同，倘谬敦睦之方，虑乖负荷之理。今设以局豫，示以规程，必令子孙世守无越家范。

一、立主事一人，副二人。掌家内外诸事。内则敦睦九族，协和上下，束辖弟侄。日出从事，必令名司其事，毋相夺伦。照管老幼要用之资，男女婚嫁之给，三时茶饭，节朔聚饮。合如何布办纽配，诸庄合费用多少，一依科条施行。

二、主库司一人，副一人。掌管贮库钱帛暨应用一概物件。差人收买贮库纽配，诸庄以听随时给付。

三、立庄长一人，督理耕种等事，毋使荒废田亩。建仓收贮，依时完纳官税并出入会计。

四、长幼远行出入，年自四十以上，必令弟侄负任随行，入必劳之酒食。幼者出禀命，入必返命，戒其毋与匪类交游。

五、立勘司一人，以掌男女婚嫁期会。男必择良家之女为室，不得私置仆隶者；女则候他家求问，亦属勘司酌当。此一人，须择谙晓阴阳、明察术数者。

六、丈夫除差干当外，并付主事手下管辖。逐日随主事差使去着执作农役等事，稍有不遵者，具名申上，听家长处分科断者。

七、弟侄除差出执作外，凡入门晨昏定省，须具巾带衫裳。稍有乖仪，当行科断者。

八、立书院一所于东佳庄。弟侄子息有性质聪敏者，令修学。稍有功业津遣应举者，见置书籍，外须令添置。于书生中立一人掌书籍。出入须令知委者照管，不得失去。一应宾客寄止修业者并延待于彼，一一出东佳庄供应周旋者。

九、立院学一所于居之西上，教授童蒙。每年夏五月择日取结，至秋九月解散。童子年七岁入学，至十五岁出学。逐年于学堂内次第抽二人归家诱训。一人为先生，一人为副。其纸笔墨砚一出宅库主事收买应付者。

十、先祖有道院一所，修道之子代有其人。或有继者众遵之，令旦夕焚修。上以祝圣寿，下以保家门。应有斋醮须差请者。

十一、先祖有巫法一所，历代事之。有继之者事须从允。应有起造屋宇、埋葬、卜筮、祈祷等事，一以委之，以保家门者。

十二、立人学医，以备老少疾病。须择谙晓药性方脉者，其药料之资取给主事者。

十三、每日三时茶饭。丈夫于廊下作两次。自年四十以下至十五岁以上者作先次。取其出赴勾当，故在前也；年四十以上至家长同坐后次，以其闲缓，故在后也。并差新冠后生二人摆布知候茶饭等事。妇人则在后堂，长幼亦分两次，并出厨内所治。若干需用酒浆盐米及酱醋腥鲜等物，并出副主管事所酌当者。

十四、厨内差定新妇八人掌庖馔之事。二人修羹菜，四人炊饭，二人知汤水及摆布堂内所事，不限年月。遇迎新妇，则以次替之。

十五、节序，眷属会饮于大厅，同坐仰主事至时差二十人后生排布祗候。先次学生童子一座，次未束发女子一座，已束发纚女子一座，次婆母新妇一座，次丈夫一座。所费用物，惟冬至、岁节、清明，主事纽配诸庄赴应，余节出自宅库，随所布置取令周旋者。

十六、非节序，丈夫出外勾当者，五夜一会，酒一瓦瓶，所以劳其勤也。尊长取便。仍令知酒者常酝好酒，以候取给者。

十七、诸房每月令主事给油一斤、茶盐等物，以备老疾取便。须令周旋者。

十八、会客，事凡嫁娶，仰主事纽配诸庄应付布办，其余吉凶筵席、官员远客迎送之礼，并出自宅库，取令如法周旋，仍逐月抽书生一人归知客。

十九、新妇归宁父母者，春秋两度发遣，限十五日回；三年外则至岁节一例发遣，亦限十五日回。出自主事指挥津送之礼，临时酌当者。

二十、男女婚姻之礼，凡聘定，用钗子一双、绯绿彩二段、下饷钱五贯文、大绢五匹、彩绢一束，酒肉临时酌当。迎娶时，花粉、酌盒、鞋履、箱簟等各一副，巾带钱一贯文，并出主事纽配者。女则银十两，取意打造物色市买钱三贯文，出库司纽配诸庄应付者。

二十一、男冠女筓之事，男则年十五裹头，各给巾带一副；女则年十四合头髻，各给钗一双。并出库司纽配者。

二十二、养蚕事若不制之以则，恐多少不均。今立都蚕院一所，每年春首，各庄抽一人后生丈夫归家，择一人长者为首，束辖修理蚕具。至时，婆母自年四十以上至五十八者名曰蚕婆，自四十以下者名曰蚕妇，于都蚕院内，每婆各给房一间、蚕妇二人，同共看桑柘。仰院首纽配诸庄应付。成茧后，同共缫之。院首将丝绵等均平给付。其有得茧多者，除给外，别赏之，所以相激劝也。其蚕种仰蚕院首共留，下候至春首，每蚕婆给二两。女孩各令于蚕婆房内看桑柘，出在都蚕院均平给付者。

二十三、每年夏税绸绢，仰库司纽配诸庄，丝绵归与蚕妇织造者。自年四十八以下，各织绢二匹、绸一匹；女孩各织绢一匹。婆年四十八以上者免。

二十四、表丈夫衣装。二月给春衣，每人各给丝十两；夏各给絺葛衫一领；秋九月给冬衣。自年四十八以上至尊长，各给绢一匹、绵五两。四十八以下，各给丝十两、绵五两。各给头巾一顶，并出库司纽配者。

二十五、每年给鞋袜，冬至、岁节、清明三时，不以男女，自年三岁以上，每节各给一双。

二十六、妇女针花脂粉等事，每冬至、岁节、清明，仰库司差人收买给付者。

二十七、妇人染段，每年各与染一匹，任意染色。染钱库司纽配诸庄应付，专差一人干当者。

二十八、荐席。每年冬，库司纽配诸庄，每房各一付。

二十九、草履。丈夫每月给三双，出库司应付者。

三十、立荆杖一所。凡弟侄有过，必加刑责，等级如后：凡诸误失及酗酒而不干人者,虽《书》云"宥过无大",然不行刑,无以惩劝。此等各杖五下;若恃酒干人及无礼妄触犯人者,决杖一十。

三十一、不遵家法、不从尊长命,妄作是非,逐诸赌博斗争伤损,各笞十五,剥落合给衣装,归役一年。改则复之。

三十二、妄使庄司钱谷,入于市廛,淫于酒色,行止猥滥,勾当败缺,各决杖二十,剥落合给衣装,归役三年。改则复之。

三十三、立三人于廨院,掌管祗奉公门,应诸送纳王租,出于勾当,投过词状,应举衙庭,并须谨节应州、县牧宰,合用迎接,切在申报。次则接待来往宾客。且书院、廨院是一家之领袖,切要周旋,仍择公明、善筹画、温恭立操、礼义律身者举而任之。

唐大顺元年庚戌八月日立。

参考文献

[1] 司马迁. 史记[M]. 北京：中华书局，1982.

[2] 江西省政府建设厅. 江西近现代地方文献资料汇编[Z]. 线装本，1938.

[3] 王松年. 江西之特产[Z]. 一版. 联合徵信所南昌分所，1949.

[4] 江西省社会科学院历史研究所. 江西近代贸易史资料[M]. 南昌：江西人民出版社，1988.

[5] 龚国光. 赣地艺术民俗建筑[M]. 南昌：江西教育出版社，2008.

[6] 李科友. 江西古代文明探索[M]. 南昌：江西科学技术出版社，1998.

[7] 江西省博物馆. 江西考古资料汇编[Z]. 1977.

[8] 刘柏修，等. 江西省志·江西省行政区划志[M]. 北京：方志出版社，2005.

[9] 舒圣佑. 江西省志·江西省教育志[M]. 北京：方志出版社，1996.

[10] 余家栋. 江西陶瓷史[M]. 开封：河南大学出版社，1997.

[11] 罗勇. 客家赣州[M]. 南昌：江西人民出版社，2004.

[12] 彭明瀚. 吴城文化[M]. 北京：文物出版社，2005.

[13] 张金涛. 中国龙虎山天师道[M]. 南昌：江西人民出版社，2000.

[14] 段晓华，刘送来. 红土·禅床[M]. 北京：中国社会科学出版社，2000.

[15] 俞兆鹏，李少恒. 中国地域文化通览：江西卷[M]. 北京：中华书局，2013.

[16] 许怀林. 江西文化[M]. 合肥：安徽教育出版社，2006.

[17] 吴畏. 赣舆浅图——概说江西八十古县[M]. 南昌：百花洲文艺出版社，2012.

[18] 孔令宏，韩松涛. 江西道教史[M]. 北京：中华书局，2011.

[19] 杨鑫辉，李才栋. 江西古代教育家评传[M]. 南昌：江西教育出版社，1994.

[20] 刘黎洋. 宁都民间艺术[M]. 北京：文化艺术出版社，2006.

[21] 吕泽庆. 中华客家门匾[M]. 内部出版，2008.

[22] 佚名. 江西风物志[M]. 南昌：江西教育出版社，1985.

[23] 余悦. 中国民俗大系·江西民俗[M]. 兰州：甘肃人民出版社，2004.

[24] 陈文华. 江西通史[M]. 南昌：江西人民出版社，1999.

[25] 江西通史编辑委员会. 江西通史[M]. 南昌：江西人民出版社，2008.